「教育のための社会」へ

——池田大作教育思想の研究——

大﨑素史 編著

JN108624

第三文明社

まえがき

　本書は、大﨑素史編著『四権分立の研究─教育権の独立─』（第三文明社、2014年3月16日発行／執筆者：「四権分立研究クラブ」のメンバー5名と事務局）に続く、第二弾というべきもので、研究発展の成果である。

　特にこの9年間の「四権分立研究クラブ」の研究活動（毎年3回ほどの研究会の開催等）並びにメンバー各自による研究活動の成果が、本書に十分に発揮されていると確信する。

　本書は、池田大作先生（創価学会第3代会長、現・名誉会長、創価学会インタナショナル〈SGI〉会長、創価大学・創価学園等の創立者、等）による「教育のための社会」への社会変革の思想をテーマにしつつ、「四権分立」「教育国連」などを含む幅広い池田先生の教育思想を種々に研究・考察した内容となっている。実は、このような研究・考察動向は、わが国はもちろん、国際的にも大きく展開されてきている（具体的には省略する）。本書の特徴をより具体的に言えば、わが国や海外諸国における教育現場における状況、すなわち学校教育・家庭教育・社会教育の現場を踏まえての研究・考察が盛り込まれていることである。

　次に、各章の特質を概説する。

第1章　論文

　前著ともいうべき『四権分立の研究─教育権の独立─』においては、池田先生の四権分立提唱についての制度論的研究が主になったが、本書の第1章は、池田先生の教育論・教育思想について、各執筆者がそれぞれの研究専門領域から研究報告したものである。先述したように、わが国や海外諸国における教育現場（学校教育・家庭教育・社会教育）における状況を踏ま

えての研究になっている。

第2章　研究活動報告

　創価大学創立者池田先生の「四権分立」をはじめとする教育思想を研究する創価大学生の自主的な研究サークル「創価大学四権分立研究会」が、2022年6月23日に学内のクラブ・団体の自治組織「学友会」から正式に公認された。この第2章・研究活動報告の最初のものは、その「四権分立研究会」によるものである。「研究ノート」は、その所属学生によるものであるが、池田先生の「四権分立」・「教育国連」・「教育のための社会」の提唱・提言について、改めて原点的な確認をする上で貴重な内容となっている。

　その次の研究活動報告は、アメリカ創価大学（SUA）で開催された「世界教育者サミット」の内容報告である。さらに、その次の研究活動報告は、当クラブ主催の創価大学創立50周年記念「教育のための社会」シンポジウムの内容報告である。この二つは、国際社会における池田先生の教育思想の意義づけについての報告として注目すべきである。

第3章　資料

　池田大作著『人間教育の指針』（聖教新聞社、1975年）は現在、入手が困難のようなので、ごく簡単な内容を記した。関連書籍等については、著者（編著者）・書名・出版社・出版年、を基本にしての紹介とした。

　今回、新たに作成した年表は、今後の研究の一助となるであろう。

　本書に収録した論文等は、純粋に学術研究の内容であり、その内容に関する責任は各執筆者及び編者・大﨑素史（四権分立研究クラブ代表）のみが負うものである。念のために申し上げると、本書の企画・執筆・発刊においては、創価大学等の教育・研究機関、政党等の政治的活動とは一切無

関係である。本書は、あくまでも学術研究の営みの成果である。本書がすべての人々に、そして社会的・国家的・国際的な貢献ができることを願ってやまない。

　末筆ながら、本書の出版企画段階から種々にご尽力を頂いた第三文明社の皆様に心より感謝と御礼の念を表したいと思う。

2023年10月9日、池田先生の「教育国連」ご提唱50周年の日に

編者　大﨑素史（四権分立研究クラブ代表）

●四権分立研究クラブ

創価大学創立者池田大作先生の教育思想である「四権分立」や「教育のための社会」などについて幅広く研究を行う市民グループ。2013年4月20日に発足。2014年、大﨑素史編著『四権分立の研究―教育権の独立―』（第三文明社）を刊行。http://shibunken.com/

●創価大学四権分立研究会

創価大学創立者池田大作先生の教育思想である「四権分立」や「教育のための社会」などについて幅広く研究を行う、創価大学の学生サークル。2022年6月23日、学友会公認。

@YONNKENNBUNNRITU

第3章　資 料

[凡例]

一、引用文は原則として出典元の表記に従ったが、ふりがなは編集の判断で付した。

一、引用文中の筆者・編集部による注は（　）内の＝の後に記した。

一、池田大作氏の引用文については、一部の例外を除いて『池田大作全集』に依った。

装丁・本文レイアウト

有限会社サンユウシステム／平柳豊彦・平柳直彦

第1章

論文

池田先生の「対人関係」思想
——その具体的事例への考察——

●国際シンポジウム
「池田大作と文明間の相互参考——人類運命共同体の下での
東アジアの知恵」（2021 年 9 月 25 日、中国・山東大学池田大作研究所主催）
における研究発表論文

創価大学名誉教授、東日本国際大学教授、
同大学東洋思想研究所 池田大作思想研究部門長（当時）
大﨑素史

●はじめに●

　まず、「池田先生」という呼称の使用について、簡単に説明する。私事になるが、私（＝筆者・大﨑のこと。なお、次からはすべてこの注記は省略し、「私」だけの呼称表記にする）は、1964 年、東京大学入学後、池田大作という存在に極めて大きな興味・関心を寄せるようになり、やがて、「池田先生」と呼称するようになっていった。特に、東京大学大学院博士後期課程修了（1976 年 3 月）直後の 4 月に創価大学の教員に就任してからは、創価大学の創立者である同氏を、自然と、「池田先生」と申し上げることが日常的となって、今日に及んでいる。

　次に、「対人関係」というテーマ（主題）について、簡単に説明する。私がこれまで池田思想に接し、そこに学び、探究してきたことを顧みると、究極的には、人間主義（＝地球上のあらゆる人間の尊厳・生命の尊厳、および、そのためにあるべき情感・考え方・行動・活動・思想と言ってよい）の原理が池

田思想の根幹に在ると理解し、確信してきた。

　それ故、今回の研究発表の機会を得て、このことを理解する上で効果的ではないかと思われることを検討した結果、私の個人的体験事例を基に、これまで私が考え・探究してきたことから、池田思想の探究を深めていくための入り口として、本テーマ「対人関係」を設定したのである。

　さらに、「具体的事例」という内容・方法などについて説明する。「私の個人的体験事例を基に」とは、以下のI、II、IIIのそれぞれにおいて説明する。研究論文としての形式を弁えての叙述展開になるように極力努める。なお、ご参考までに、I、II、IIIのタイトル（標題）を予め次に掲げる。

I　中国初訪問時（1974年）の少女との出会い時の挨拶
II　「教養」について
III　「学び」の思想の具体的事例

　なお、引用などの出典は、主に『池田大作全集』（聖教新聞社刊）に依ることにした。

I　中国初訪問時（1974年）の少女との出会い時の挨拶
　私が池田思想の探究を始めたのは、1964年からであるが、衝撃的な好印象を感じたのは、池田先生の中国初訪問時（1974年5月29日～6月16日）、一少女との出会いでの挨拶の内容であった。それを知ったのは、池田大作『新・人間革命』第20巻においてであった。そのポイント部分を次に引用する。6月1日「児童節」（こどもの日）の会場・北京市労働人民文化宮でのことであった。

　　　歌や踊りの会場では、髪に黄色いリボンをつけた涼やかな目の少女が、
　　　伸一の手をとって、席に案内してくれた。

彼女は、はにかみながら尋ねた。

「おじさんは、どこから来たのですか」

伸一は答えた。

「日本から来ました。あなたに会うために来ました」

少女は微笑んだ。

　彼は、相手が大人であろうと、子どもであろうと、一瞬一瞬の出会い
を大切にし、友情を結ぶために全力で対話した。出会いを生かす誠実
と努力と智慧によって、友誼の道は広々と開かれる。

　伸一は、案内をしてくれた少女に尋ねた。

「あなたは、将来、どんな仕事に就きたいと思いますか」

少女は答えた。

「人民が望むなら、どんな仕事でもします」

伸一は感嘆した。

　人民に奉仕することの大切さを、徹底して教えているのであろう。

　人のために何をするか──人や社会への貢献の行動の大切さを教え
てこそ、人間教育がなされるといえよう。[1]

　「伸一」とは、池田先生のことである（小説『人間革命』『新・人間革命』
においては、実名ではなく「山本伸一」の名前で登場している）。

　池田先生は、著名な思想家や政治家等々と対話等の交流をしていたが、
初めての中国要人たちとの対話・出会いという一大行事の中で、このように
一少女との出会いを大変大事にしておられたということを私は知って、池田
思想の根本に触れた思いがしたのであった。この思いは、今も変わらない。

Ⅱ　「教養」について

　池田思想における「対人関係」思想について、私が創価大学教員に就
任して 10 年目と 14 年目の時に、私の学術的な眼が新しく、大きく開かれ

た契機が次の（1）、（2）の事例である。「教養」概念に関しての池田思想の内容の一端を「対人関係」という面から考察することができる。

（1）「教養」の定義について

（1985年4月9日、創価女子短期大学第1回入学式でのスピーチ）

創価女子短期大学創立者としてのスピーチ（於：短大白鳥体育館）の一部を次に示す（因みに、私は、その入学式に創価大学教員として出席していた）。

> 茶道、華道、書道等をやることが教養のように言われていますが、「教養」とは、たんなる知識や技能の習得だけではないと思います。（中略）つまり「教養」とは、一言で言えば、自分らしい人間性と人格の輝きであり、見識の母体であります。（中略）教養とは「高度な教養」また「一般的な教養」等々、さまざまに論じられていますが、端的に「洗練された常識」と、言えるのではないかと思います[2]。

知識・技能の次元や学歴次元から言われてきた従来の「教養」概念に対する哲学的人間論的とも言える視点からの深い考察に、私は、眼が開かれた思いがした。すなわち、従来、〝教養ある人〟とは（あくまでも私の認識であったが）、学歴の高い人、読書を常にしている人、仕事上の知識技能を身に付けている人、そして、その他いわゆる〝物知り〟であった。

さらに、その後数日間、私の自問自答ともいうべき考察が続いた。池田先生は「良識」（good sense）という表現ではなく、「常識」（common sense）という表現を使った。「なぜか?」と、私は、ごく自然に疑問に感じた。しかし、やがて気が付いた。高等学校等を卒業して創価女子短期大学に入学したばかりの女子学生にとっては、〝分かりやすい表現で示すべきなのだ〟という配慮の結果なのだ、と。スピーチとはいえ、相手の人間の心・立場などをよく心得た上での配慮なのだと感じた。「洗練された常識」とは「良識」

のことなのだ、と。「洗練された」という形容語を付けたのはそのためなのだ、と。なお、「洗練された」という表現には、深い意味があると感じた。

　参考までに、わが国に短期大学（二年制・三年制）が制度上創設されたのは、1949年5月の学校教育法一部改正による（翌年度4月から全国に実際上創設されていった）。しかし、大学（四年制）と違って、1980年代ごろまでは、短期大学は女子短期大学が大多数を占めるとともに、女性らしい品性・教養（いわゆる一般的知識・行儀作法など）を身に付けるところが短大だ、などの本来の制度目的に達しないような社会的風潮が見られていた。

(2)「文化」culture、cultivate の定義について

　　（1989年10月10日、関西創価学園第8回健康祭でのスピーチ）

　(1)の「教養」概念の内容について、より具体的な展開と考えられるスピーチがこれである。なお、関西創価学園とは、具体的には、関西創価小学校、関西創価中学校、関西創価高等学校のことであり、池田先生はその創立者としてスピーチをされた（於：関西・学園記念講堂）。その全体テーマは、読書の大切さについてであったが、ギリシャのイソップ寓話（「イソップ物語」や「イソップ童話」とも呼ばれている）における畑を耕す話を分かりやすく次のように紹介して、読書の意義を締めくくった。

　池田先生は、学校という教育機関における小学生・中学生・高校生に対して、若者の各自が毎日の日常生活の中で、自主的に「教養」が磨かれ、身に付けられるようにとの思いを込めて、分かりやすくスピーチされたと思われる。池田先生の「対人思想」の一端を垣間見ることができる。

　やや長文になるが、その部分を次に引用する。読書の大切さを述べられた内容に続く部分である。

　　わかりやすくするために、別のたとえで申し上げたい。こんな昔話がある。

——父の遺言で「あの荒れ地の中に宝がある」と、息子たちが聞いた。怠け者の息子たちだったが、〝宝〟がほしいばかりに、毎日、一生懸命、荒れ地を掘った。人間は〝宝もの〟に弱いらしい。なかなか宝は出ない。しかし、まじめな父の言うことである。どこかにあるはずだ。

　こうして、一年たった。いつのまにか荒れ地は立派に耕されていた。ある人が、それを見て、「こんなに見事に耕された土地なんて、ほかにはない。どんな作物でもできるだろう。すごい財産だ」とほめた。

　息子たちは、はじめて悟った。父親は、自分たちに「労働」という〝宝〟を教え、土地を耕させるために、財宝の話をしたのだ、と。父の話はうそではなかった。探していた宝は、まさに〝土の中〟にあったのだ。父の心がわかった息子たちは、感謝しつつ、以来、いつまでも仲よく、栄えた——という物語である。

　この話からは、さまざまな教訓が引きだせると思う。読書について言えば、〝読む〟ことも「心を耕すクワ」と言える。じつは、本そのものの中に、知恵や幸福があるわけではない。本来、それらは全部、自分の中にある。

　しかし、読書というクワで、自分の心、頭脳、生命を耕してこそ、それらは芽を出しはじめる。

　「文化」すなわち「カルチャー(culture)」の語は、「耕す」すなわち「カルチベイト(cultivate)」からきている。自分を耕し、自分を豊かに変えていく。そこに「文化」の基本がある(3)。

「教養」概念を、知識・学識・学歴を中心としたものという一般的に流布されてきた概念を超えて、人間そのものに関する視点から示されている(4)。さらに、「文化」概念も同じ英語の culture のことであり、それは、耕されたものとしての存在であることが示されている。端的にいえば、「教養」も「文化」も同じ culture のことである。参考までに、私の考えで言えば、前者は耕さ

れたものが人の中に修得・沈殿されたもの、後者は社会の中に修得・沈殿されたものであるということになると思う。

Ⅲ 「学び」の思想の具体的事例

　ここでは、私が創価大学教員在職中に池田先生が示された卒業式でのスピーチを中心にして、池田先生の「対人関係」思想を「学び」ということに即して知ることができるものを具体的に示すことにする。

(1) 吉川英治「われ以外みなわが師」の紹介について
　　（1987年3月20日、創価大学第13回卒業式スピーチ）

　池田先生は、創価大学第13回卒業式（於：創大中央体育館）において、著名な小説家・吉川英治（1892〜1962年）について、次のように紹介された（因みに、私は、その入学式に創価大学教員として出席していた）。

　　　　有名な吉川英治の言葉に「われ以外みなわが師」とある。社会、
　　　人生のすべての経験が広い意味での〝学問〟の対象なのであります。
　　　この一点を忘れたところに近代の錯覚の一つがある。
　　　　要するに、肝心なことは、すべてから学んでいこうとする志と一念である。すなわち、きのうよりはきょう、きょうよりはあすと、向上の坂を上りゆく、みずみずしい生命力と学びの姿勢があるかどうかで、人生の勝利が決定づけられることを忘れてはならない。
　　　　新しい知識の習得のみが、学ぶということの本当の意味ではない。もっとも重要なことは、学ぶことによって、自分自身が「新しい自分」になっていくことであります。これを忘れたところに、現代の教育界の迷妄と混乱の大きな理由があるといってよい。(5)

　「学び」とは、学校や教育機関などでの「学び」に限られないこと、人

生万般に及ぶ人間の営みがすべて「学び」である、ということを端的に吉川英治の言葉を引用して説明している部分である。池田先生の「対人関係」思想の一端が表明されていると言える。

　なお、池田先生は、創価大学でのスピーチだけでなく、多くの機会を得て、吉川英治のことについて執筆されてきた。その中で、吉川英治の「われ以外みなわが師」の精神に触れたものの中から、分かりやすい具体例の一端を次に示す。土井健司創価大学教授（当時）との対談における一コマである。

　　土井　これは一般的なことかもしれませんが、吉川氏自身、行き詰まったときには、散歩や談笑などして、パッと頭を切り替えることの効用をあげていましたね。
　　また、どこに行っても、何に対しても、興味をもって、そこから新しい触発を得ようと心がけていたといいます。
　　池田　それと関連しますが、吉川氏は、人の話を聞くことを大事にしていたようです。
　　たとえば、家に出入りしている大工さんたちが、お昼のお弁当を庭で広げていたりすると、そっとその場に加わって、世間話に耳をかたむけていることもあったといいます。
　　ちょっとした生活の座談からも、何かを汲みとろうとしたのでしょう。いうなれば、いつも心に風を入れるということなのでしょうか。新しい外の風を絶えず送りこんでいかないと、心機一転する生命は発揮できない。⁽⁶⁾

　吉川英治の微笑ましい人柄がしのばれるとともに、その人生論の原理の一端を知ることができる内容だと思われる。

（2）ルーズベルト大統領夫人エレノアさんの「学び」の人生について
　　　（1993 年 3 月 18 日、創価大学第 19 回・創価女子短期大学第 7 回

卒業式メッセージ）

　まず、池田先生のこの創価大学・創価女子短期大学卒業式メッセージについてその背景を説明する。池田先生は当時アメリカ訪問中であったが、諸事情により帰国できなくなり、アメリカの地よりメッセージを送ることになった、という説明がメッセージ紹介前に大学側からあった。卒業生に寄せられた池田先生の深い想いが感じられる、卒業式における初のメッセージである（於：創大池田記念講堂。因みに、私は、その卒業式に創価大学教員として出席していた）。

　さて、そのメッセージにおいて、池田先生は、ルーズベルト大統領夫人エレノアさんのことについて、次のように紹介された。

　　今世紀のもっとも功績あるアメリカ人女性はだれか。先日発表された、あるアンケート結果によると、それはフランクリン・ルーズベルト元大統領のエレノア夫人であるという。小児麻痺（しょうにまひ）で下半身が不自由であった夫を支える一方で、みずからも国連のアメリカ代表に選ばれるなど、幅広い活躍で知られております。

　　少女時代に両親を亡くし、また、どちらかといえば平凡な家庭の主婦であった彼女は、夫の病気という不幸をバネに、社会へ、そして人間へと大きく目を開いていったのであります。

　　彼女は、人生それ自体を学びの場と、とらえておりました。皆さまも、これからが人生の大学の始まりであるといってよい。(7)

　このように、池田先生は、「人生それ自体を学びの場」と考えていたエレノア夫人の生き方を紹介された。個人的な体験になって恐縮であるが、池田先生からのメッセージのこの部分を聞いた時、瞬時に私の脳裏によみがえったのは、吉川英治の「われ以外みなわが師」の言葉であった（Ⅲ・(1)で示した）。「学び」について、全く同じ人生論・思想と言ってよいのではないか。仮に、微妙

に違う部分があるにせよ、共通部分がほぼすべてであると言えるであろう。

　なお、エレノア夫人のことを紹介した池田先生の著作物は多く存在するが、ここでは以上のみの紹介とする。

　以上、このⅢにおいては、吉川英治とエレノア夫人の事例に限ったが、「対人関係」としての「学び」についての池田先生の思想の一端に触れることができたと思う。

Ⅳ　結びに代えて

　以上、池田先生の「対人関係」思想について私の個人的体験事例を基に考察してきた。池田思想については、池田先生の膨大なスピーチ・随筆・論考・小説・対談・講義等々をはじめ、新聞・雑誌等のマスコミ報道、学術研究分野における研究対象としてなど、わが国をはじめ国際的にも広く、考察・研究されてきている。このような状況において、私のささやかな研究成果を発表できたことは大変光栄である。拙論を読んでいただいた皆様に心より御礼と感謝を申し上げたい。

【注】

(1)　池田大作『新・人間革命』第20巻、聖教新聞社、2009年、50～52頁。

(2)　「創価女子短期大学　第一回入学式　「理想」「鍛え」「教養」の人に（1985年4月9日）」、『池田大作全集』第59巻、聖教新聞社、1996年、283頁。

(3)　「関西創価小学・中学・高等学校合同　第八回健康祭　読書は「内なる宇宙」への旅（平成元年10月10日）」、『池田大作全集』第57巻、聖教新聞社、1997年、98～99頁。

(4)　「教養」についての池田先生の論考は数多くあるが、参考のために、ここではそのほんの一カ所を次に掲げる。

　　「（前略）教養を身につけるためというなら、大学のみがその場ではなく――働きながら、自分で、地道に、コツコツと本を読み、さまざまなものを見聞して、深く身につけていくことも立派な教養となろう。およそ、大学を出ても、卒業してしまうと本も読

まなくなってしまうような、名前だけのインテリでは中途半端なものになっていく。（中略）ある思想家が言った――浅薄な、知識のレッテルのみでは、ゴミを身につけて飾り立てたつもりでいる猿と選ぶところがない、と。やすやすと、よそから買って身にとってつけた〝教養〟ではなく、その人の生命の内側から、皮膚の下から輝きだしてくるような本当の教養を、守り育てていきたいものである。」（「教養と学問」、『池田大作全集』第 18 巻、聖教新聞社、1989 年、214 〜 215 頁。これは、池田大作『私の人生観』文藝春秋、1970 年刊行が収録されたものの一部である）

(5) 「創価大学　第十三回卒業式　〝学び〟の人生は永遠に若い（1987 年 3 月 20 日）」、『池田大作全集』第 59 巻、聖教新聞社、1996 年、319 頁。

(6) 土井健司・池田大作『吉川英治　人と世界』、『池田大作全集』第 16 巻、聖教新聞社、1997 年、358 〜 359 頁。これは、月刊誌『潮』（潮出版社）1988 年10 月号〜 1989 年 5 月号掲載の記事を単行本化したもの（『吉川英治　人と世界』六興出版、1989 年刊行）を収録したものである。参考までに、吉川英治「われ以外みなわが師」の表現については、吉川英治『われ以外みなわが師　わが人生観』（大和出版、1972 年）がある。さらに示せば、「我以外皆我師」、「吾以外皆吾師」の表現も存在するが、ここでは省略する。

(7) 「創価大学　第十九回卒業式・創価女子短期大学　第七回卒業式メッセージ　「自分の場所」で厳然と「信頼の根」を（1993 年 3 月 18 日）」、『池田大作全集』第60 巻、聖教新聞社、2004 年、244 〜 245 頁。

池田先生の「教育のための社会」提言の意義について
——制度論的視点からの考察——

●日中韓国際学術シンポジウム
「ポストコロナ時代の東アジア共生と東洋思想の未来」
（2021年11月5日、韓国・成均館大学校主催）における研究発表論文

創価大学名誉教授、東日本国際大学教授、
同大学東洋思想研究所 池田大作思想研究部門長（当時）
大﨑素史

●はじめに●

　最初に「教育のための社会」というテーマ（主題）を取り上げた理由について説明する。池田先生の思想は、あらゆる分野に及び、その著作物には膨大なものがある。その中で、私の専門研究分野である教育・教育行政の視点からは、まずは制度論として考察できるものとして、「教育のための社会」提言が真っ先に念頭に浮かんだ次第である。

　さらに、「教育のための社会」提言を具体的に理解するために、池田先生の「教育センター」の提唱・「四権分立」の提唱・「教育国連」の提唱のことを取り上げる。なお、これらの提言・提唱を引用・紹介するとともに、その際には、本国際シンポジウムのテーマ「ポストコロナ時代の東アジア共生と東洋思想の未来」に即して、それらの意義をわかりやすくするために、池田先生の東洋思想（具体的には、日蓮仏法哲理＝あらゆる人間の生命尊厳・尊重を中心に）を引用しつつ論じる。

以下、本論文で扱う具体的内容は、次の通りである。

I　池田先生の「教育のための社会」提言の内容
II　具体的な制度創設の提唱──「教育センター」の提唱・「四権分立」
　　の提唱・「教育国連」の提唱
III　まとめに代えて

　なお、引用などの出典は、池田先生の当時の提言・提唱が掲載された新
聞・雑誌・機関紙をそれぞれ示すとともに、参照しやすくするために、それ
らが収録されている『池田大作全集』（聖教新聞社刊）に主に依ることにした。

I　池田先生の「教育のための社会」提言の内容

　本提言は、大変長文の論考である。「創価学会創立70周年記念『教育
提言』『教育のための社会』目指して」として、2000年9月29日・30
日の2回にわたり聖教新聞に全文掲載された。

（1）提言の背景

　はじめに、提言の背景になった教育の歴史的社会的状況について、池田
先生自らの指摘を紹介する。池田先生は、冒頭において、わが国日本の当
時の教育の問題状況（不登校・いじめ・14～15歳少年による殺傷事件の続
発など）に触れながら、次のように指摘された。長文の引用になるが、ご了
承ください。

　　　二十一世紀の開幕を前にして、今あらためて教育にスポットが当てら
　　れております。そこで、最近のさまざまな教育改革論議の動向について
　　の私の率直な感想と、若干の具体的提案を行ってみたいと思います。
　　　昨今、〝不登校は、どの子にも起こりうる〟といわれます。先日も、

文部省（＝現・文部科学省）の一九九九年度の学校基本調査で小・中学校での不登校が十三万人を超えて過去最高だったことが報告されていました。小学校では二百九十人に一人、中学校では実に四十人に一人、一クラスに一人が苦しんでいるのです。

　いじめによる自殺等の悲劇も後を絶ちません。世界的に懸念されている薬物汚染までもが、不気味な広がりを見せています。加えて、近年の十四、五歳の少年による殺傷事件の続発、本年に入ってからも十七歳の少年による主婦殺害や高速バス乗っ取り事件、金属バット殺人事件等が、日本中を震撼（しんかん）させております。

　教育に携（たずさ）わる人々や青少年の心理に詳しい専門家による原因の分析や対応が待たれるとしても、率直にいって、その闇の巨大さのあまり、大人たちがどうやっていいか分からず、呆然（ぼうぜん）と立ち竦（すく）んでいるというのが実情ではないでしょうか。

　未来を担う青少年の健全な成長を願う一人として私自身、もう十六年も前のことになりますが、創価学会の全国教育者総会に寄せて「教育の目指すべき道──私の所感」と題する「提言」（＝『池田大作全集』第1巻収録）を発表しました。教育改革は政治主導ではなく、人間主導型でなされるべきであるとして、それが依拠すべき理念、指標といった側面から「全体性」「創造性」「国際性」を具（そな）えた人間像を提示しました。

　当時も、教育荒廃が憂慮され、非行、校内暴力、不登校等が、子どもたちに直接かかわる親や教師はもとより、多くの心ある人々を嘆かせていたことが思い起こされます。十五年以上を経過した今日（こんにち）、関係者の努力にもかかわらず、残念ながら事態は一向に改善されないばかりか、それらの問題群が常態化するとともに、新たな問題すら発生しているのであります。

　特に、最近、深刻になっているのが、〝学級崩壊〟と呼ばれる現象です。[1]

さらに続けて、教育の機能不全の実態——学力低下の問題、地域や家庭などの教育力の低下など——を論じている。その部分について、次のように締めくくっている。

　　その機能不全が、子どもという最も弱くかつ鋭敏な部分に集約的に噴出しているのであり、その意味では「子どもは社会の鏡」であるという古来の知恵は、我々が教育について考える際に絶対に忘れてはならない不磨の鉄則なのです。

　　そういうと、一切を本質論にもっていく一種の還元主義とのそしりを受けるかもしれません。

　　しかし、私は、子どもという「鏡」に照らして己を正そうとする自省の眼差しを大人たちが常にもっていなければ、よかれと思う試みも結果として制度いじりの弥縫策（＝一時しのぎの取り繕い）に終わったり、モグラたたきのような、その場しのぎの対応に追われてしまうであろうことを恐れるのであります。

　　その点、ある雑誌の〝徳育〟をめぐる特集で、作家の山田太一氏が、謙虚に語られている言葉が印象に残っております。

　　「いま必要なのは、確信を装って子供に徳を説くことではなく、迂遠でも大人が自分で多少ましだと考える生き方をなんとか現実に生きてみせるしかないと思う」（「生きてみせるしかない」、『中央公論』一九九九年九月号所収）と。

　以上のように、池田先生は、教育界における不登校（1999年11月に改められた文部省による呼称。それまでは「登校拒否」と言われていた）、いじめ、非行、殺害、校内暴力、学級崩壊（主に小学校・中学校を中心に、授業中に子どもが暴れ出したり、教室を抜け出したり、おしゃべりが止まず等で授業が行

えない状況のこと）、さらには学力低下問題について指摘された。

　当時の教育界は、およそ1980年代から、これらの報道が満ち溢れていた。

（2）提言の具体的内容

　提言の背景になった教育についての歴史的社会的状況についての叙述に続けて、池田先生は、「教育のための社会」提言を次のように行うとともに、その着想について表明している。

　　　そこで、私は、二十一世紀の教育を考えるにあたり「社会のための教育」から「教育のための社会」へというパラダイムの転換が急務ではないかと、訴えておきたいのであります。

　　　「教育のための社会」というパラダイムの着想を、私は、コロンビア大学宗教学部長のロバート・サーマン博士から得ております。博士とは、私も何度かお会いし、そのつど深い識見に感銘を受けていますが、博士は、アメリカSGI（創価学会インタナショナル）の機関紙のインタビュアーから、社会において教育はいかなる役割を果たすべきかを問われて、こう答えております。

　　　「その設問は誤りであり、むしろ『教育における社会の役割』を問うべきです。なぜなら、教育が、人間生命の目的であると、私は見ているからです」と。

　　　まさに、卓見であるといってよい。こうした発想は〝人類最初の教師〟の一人である釈尊の教えに依るところが多いと博士は語っていますが、そこには自由な主体である人格は、他の手段とされてはならず、それ自身が目的であるとしたカントの人格哲学にも似た香気が感じられてなりません。

　　　それとは逆に、人間生命の目的そのものであり、人格の完成つまり人間が人間らしくあるための第一義的要因であるはずの教育が、常に何も

のかに従属し、何ものかの手段に貶められてきたのが、日本に限らず近代、特に二十世紀だったとはいえないでしょうか。

　そこでは、教育とりわけ国家の近代化のための装置として発足した学校教育は、政治や軍事、経済、イデオロギー等の国家目標に従属し、専らそれらに奉仕するための〝人づくり〟へと、役割を矮小化され続けてきました。当然のことながら目指されたのは、人格の全人的開花とは似ても似つかぬ、ある種の〝鋳型〟にはめ込まれた、特定の人間像でありました。

　教育の手段視は、人間の手段視へと直結していくのであります。[3]

「教育のための社会」という提言の内容とともに、その思想的背景が明解に分かる引用部分であると思う。

　さらに続けて、池田先生は、「教育の目的」（わが国の教育基本法第1条）として規定されている「人格の完成」概念に考察を向け、その不十分さを補う意味で、わが国戦前の教師であった牧口常三郎（創価学会初代会長）の教育目的論（＝教育の目的は「子どもの幸福」である）を挙げるとともに、仏法の縁起観が説く人間観、幸福感を端的に紹介しながら「教育のための社会」提言の理由を結んでいる。

　この部分を次に引用する。ここも長文になるが、ご了承ください。

　　ここで、私は、今や〝空語〟と化した感さえある「人格の完成」という言葉をもう一度捉え直してはどうかと提案したい。

　　教育基本法が「教育の目的」としたこの言葉が、なぜ〝空語〟として宙に浮いてしまったのか、それを普遍的理念として内実化させることは、はたして不可能なのか──分かりきったことのようでも、そこに一切の教育改革の〝原点〟があることは、どんなに強調してもしすぎることはありません。

そのための試みとして、この「人格の完成」を「幸福」という言葉に置き換えてみてはどうでしょうか。

　卓越した教育者でもあった創価学会の牧口常三郎初代会長は、教育の目的は一にも二にも「子どもの幸福」にあることを力説してやみませんでした。

　牧口教育学といえば、今や世界的な脚光を浴びつつありますが、初代会長は、戦前の軍国主義下で「皇国少年」「軍国少年」をどう育成するかに教育機関が総動員されていたころ、時流に抗して「子どもの幸福」こそ第一義とされるべきだと断じ、「教育勅語」などにしても、人間生活の道徳的な最低基準を示されているにすぎない、と喝破していました。すなわち、当時にして「社会のための教育」ではなく「教育のための社会」でなければならないという、スタンスを崩さなかった、驚くべき炯眼の人、先見の人でした。

　ちなみに、この「幸福」を「快楽」とはき違えたところに、教育をはじめとする戦後の日本社会の最大の迷妄があったと、私は思っております。そのはき違えのおもむくところ、「自由」は「放縦」や「勝手気まま」に堕し、「平和」は「怯懦」や「安逸」に堕し、「人権」は「独りよがり」に、「民主主義」は「衆愚主義」にと堕してしまう。

　あげくは「人格の完成」どころか、いくつになっても幼児性から抜け出せず、他人の意見など聞く耳をもたぬ「慢心しきったお坊ちゃん」（オルテガ・イ・ガセット『大衆の反逆』神吉敬三訳、筑摩書房）のおびただしい輩出であります。

　人間が人間らしくあること、本当の意味での充足感、幸福感は、〝結びつき〟を通してしか得られない——ここに、仏法の〝縁起観〟が説く人間観、幸福観の核心があります。

　人間と人間、人間と自然、宇宙等々、時には激しい打ち合いや矛盾、対立、葛藤を余儀なくされるかもしれないが、忍耐強くそれらを乗り越え

て、本来あるべき〝結びつき〟のかたちまで彫琢し、鍛え上げていくところに、個性や人格も自ずから光沢を増していくのであります。(4)

　以上、池田先生は、牧口教育学の「子どもの幸福」論、仏教の縁起観を紹介して「教育のための社会」提言の究極的な理論的根拠としていることが分かる。なお、本論文では、この牧口理論と仏教の縁起論については、これ以上の特別の紹介や考察は行わないので、ご了解ください。

　ここまで池田先生の「教育のための社会」提言の理由について紹介してきたが、これらの理由を理解する上で参考になる事例を次に若干紹介する。念のため、これらは、筆者・大﨑の見解である。

　先に引用紹介した箇所、「ここで、私は、今や〝空語〟と化した感さえある『人格の完成』という言葉をもう一度捉え直してはどうかと提案したい。教育基本法が『教育の目的』としたこの言葉が、なぜ〝空語〟として宙に浮いてしまったのか、それを普遍的理念として内実化させることは、はたして不可能なのか──分かりきったことのようでも、そこに一切の教育改革の〝原点〟があることは、どんなに強調してもしすぎることはありません。」についてである。

　「教育の目的」(教育基本法第1条)としての「人格の完成」概念がなぜ空語化したのかについての原因の根本を、私は教育基本法制定過程時に見出したいと考えている。あくまでも私の見解であることをご了承願いたい。次のような事情である。

　教育基本法は、1946年9月に内閣の諮問機関として発足した教育刷新委員会から当時の帝国議会に提出された原案が基になった。そこにおいて、この第1条(教育の目的)におけるキーワードは「人間性の開発」であった。その主導的提案者は、同委員会の中心的メンバーであった南原繁東京帝国大学総長であった。

　ところが、教育基本法制定・施行(1947年3月31日)の1カ月前ぐらいに、当時の文部大臣・田中耕太郎からの指示で、「人間性の開発」ではなく、「人

格の完成」概念に変更され、それが帝国議会で制定されたのであった。理由は、「人間性の開発」概念は曖昧であるというのが主な内容であった。

　今から振り返って考察すると、南原繁はプロテスタントのキリスト教信者であり、田中耕太郎はカトリックのキリスト教信者であったことが示唆的である。結果的には、田中耕太郎文部大臣の権威・権限が大きく影響したのだと思われる。共通しているのは、キリスト教の神（God）と人間との関係についての原理である。[5]

　併せて、社会実状があったと言える。すなわち、教育基本法制定（1947年3月31日）以降、国家の教育施策に反対する思想・運動など（日教組・共産党・社会党など）によって、「人格の完成」という教育目的の捉え方が種々に分かれてきたのである。

Ⅱ　具体的な制度創設の提唱──「教育センター」の提唱・「四権分立」の提唱・「教育国連」の提唱

　池田先生は、本提言の中で、「教育のための社会」実現のための具体的な制度創設の提唱に言及した。「教育センター」の創設である。なお、その中で、「四権分立」の提唱、「教育国連」の提唱にも触れているので、若干の説明を加えることにする。まずは、「教育センター」提唱部分を次に引用する。

　　　そこで私は、教育に関する恒常的審議の場として、新たに「教育センター（仮称）」を創設し、教育のグランドデザインを再構築する役割を担っていくべきと提案したい。

　　　設置にあたっては、一つの独立機関として発足させ、政治的な影響を受けない制度的保障を講ずるべきであると考えます。内閣の交代によって教育方針の継続性が失われたり、政治主導で恣意的な改革が行われることを防ぐ意味からも、独立性の確保は欠かせないのです。

かねてより私は、立法・司法・行政の三権に、教育を加えた「四権分立」の必要性を訴えてきました。

　教育は次代の人間を創る遠大な事業であり、時の政治権力によって左右されない自立性が欠かせません。（中略）

　世界平和の実現の基盤となるのは、国家の利害を超えた教育次元での交流と協力です。私は、この観点から、教育権の独立を世界的規模で実現するための「教育国連」構想を、二十年以上前から訴えてきました。⁽⁶⁾

「教育のための社会」実現のための具体的な制度論的な提唱である。

「四権分立」提唱は1969年、「大学革命について」（月刊誌『潮』1969年7月号）においてである。1965年ごろから激化した大学紛争・政治闘争に対して、政治権力による収拾を図ろうとしていた社会状況に対する池田先生の提唱である。

　最後に、大学、ひいては教育の再建のために、政治と教育のあり方について、一言、申し述べたい。

　それは、現在の政界の一部には、政治権力の介入によって大学の再建を図ろうとする動きがあるようだが、それでは、さらに火に油を注ぐことにしかなるまい。真の解決策は、むしろ教育の尊厳を認め、政治から独立することに求めなければならないと思う。

　本来、教育は、次代の人間と文化を創る厳粛な事業である。したがって、時の政治権力によって左右されることのない、確固たる自立性をもつべきである。その意味から、私は、これまでの立法、司法、行政の三権に、教育を加え、四権分立案を提唱しておきたい。⁽⁷⁾

　参考までに、当時の私は、東京大学教育学部4年次在籍中で、この提

唱を読んで、人間のための教育のあり方を研究しようと、大学院進学の決意が固まったのであった。

「教育国連」提唱は、1973年10月9日、創価大学における第5回NSA⁽⁸⁾学生部総会に池田先生が寄せたメッセージにおいてであった。その提唱を直接表現されている部分は、長文になるが、次の通りである。

　　さらに私は、この学問の再構築ということとともに、学問の成果を普及させる過程であると同時に、学問を支える基盤である教育について、一つの提案をしておきたい。それは、教育に関する国際的な連合組織をつくって、世界平和への精神的砦を人々の心に築く電源地たらしめてほしいということであります。

　　私はかつて、立法、司法、行政の三権に、教育権を加え、その四権を独立させるべきであると主張いたしました。教育は一個の人間をつくりあげる重要な作業であり、生命の絶対尊厳を教えていくのも教育の使命であります。それには政治的権力によって左右されるものであってはならない。教育や科学、文化における国際協力を推進する機関としては、ユネスコ（国連教育科学文化機関）があり、平和構築をその理想として掲げてはいるが、既存の国家的力によってつくられたものであるため、国連と同様、政治的な影響をうけざるをえない状況にあります。

　　したがって私は、教育権の独立を、全世界的次元で具体化し、いかなる権力にも左右されない、平和教育機関をつくることが先決であると考えるのであります。それには、教育の現場にたずさわる教師、また家庭教育の責任者である父母、さらには、教育を受ける立場にあり、また先輩の立場にもある諸君たち学生、それに学識経験者も加えて、仮称「教育国連」をつくり、それをもって真実の世界平和を実現し、国際間のあらゆる平和協力の実を上げるようにしていってはどうか、そしてそれには、日本の学生部の諸君が含まれるのは当然でありますが、なかん

ずく、米国の学生諸君が先駆けとなってはどうか、と訴えたいのであります。[9]

　参考までに、当時私は東京大学大学院博士課程在籍中であったが、この提唱のことを聞いて、調べて、大変感銘を受けたのであった。

Ⅲ　まとめに代えて

　以上、池田先生の「教育のための社会」提言の趣旨についての紹介が中心になったが、その原理的な内容については、今後の研究・探究・考察などの必要性があると考えている。例えば、「社会のための教育」という面は完全に否定することはできなく、「教育のための社会」との関係性はどのようなものが望ましいか、という課題があると思われる。また、「四権分立」「教育国連」について、例えば、政治と教育の微妙な関係性を論理的にどのように解明していくことができるのか、等である。現実の特定の国家・社会及び国際社会などにおいてはどのようになるのか、等も大きな課題であろう。

　いずれにしても、今回は、池田先生の東洋思想観（具体的には、日蓮仏法哲理＝あらゆる人間の生命尊厳・尊重を中心に）が表れている教育思想の面での紹介・考察になった。今後の池田思想研究の一つの出発点になることを期待したい。

【注】

(1) 『池田大作全集』第 101 巻、聖教新聞社、2011 年、320 〜 321 頁。

(2) 同前、323 〜 324 頁。

(3) 同前、328 〜 329 頁。

(4) 同前、330 〜 332 頁。

(5) 南原繁『人間革命』東京大学新聞社出版部、1948 年、田中耕太郎『教育基本法の理論』有斐閣、1961 年、をそれぞれ参照のこと。

(6) 前掲『池田大作全集』第 101 巻、337 〜 338 頁。

(7) 『池田大作全集』第 19 巻、聖教新聞社、1990 年、31 〜 32 頁。

(8) 現在のアメリカ SGI（創価学会インタナショナル）のこと。

(9) 「池田会長からのメッセージ」『大学新報』1973 年 10 月 16 日号、聖教新聞社に掲載。『池田会長講演集』第 6 巻、聖教新聞社、1976 年、216 〜 218 頁。

「教育のための社会」構築と「四権分立」構想との関係について

創価大学副学長、国際部長、
日本語・日本語文化センター長、国際教養学部教授
小山内 優

●要 約●

　筆者は、創価大学創立者・池田大作先生による教育と社会の在り方に関する諸提言は、2000年9月の提言「『教育のための社会』目指して」に示された考え方が完成形であると考える。池田先生はこの提言以降も教育と社会について各種の提案をされているが、概ね本提言の具体的な各論であると考えられる。

　本稿では、教育を支える社会の在り方について、本提言においてどのように考察され、そこでは1969年に池田先生が提唱された「四権分立」構想は本来どのような発想によるもので、「教育のための社会」においてどのように位置づけられるのか、考察する。本稿の結論は末尾に示したのでご覧いただきたいが、政治制度の変更を要する提言でないことだけは冒頭に申し上げておきたい。

序　「教育権の独立」から「教育のための社会」実現へ
：ここでいう「教育」には何が含まれるか？

　これまで筆者は、池田先生による2000年9月の提言「『教育のための

社会』目指して」を中心に、池田先生の教育理念について考察してきた。

　提言発表当時、森喜朗総理大臣の下、「国民教育改革会議」で行われていた教育基本法改正議論に対する、本提言の中の「教育基本法の見直しは慎重に」という意見が一般紙などのメディアからも注目された。メディアでは、改正論議における愛国心や宗教心の強調、戦前の「教育勅語」で強調されたような「徳目」を盛り込むことの是非に関心が集まったほか、戦後の教育の基本的指針である教育基本法を総理や官邸主導によって変更することの是非も問われていた。教育基本法の見直しについては、教育の政治からの自立や教育行政の独立性といった問題をはらんでいたことから、池田先生の提言中の意見は、「教育の方針が時の有力政治家の意向に左右されるべきでない」という点において、1969年5月の「四権分立」提言（月刊誌『潮』同年7月号に掲載）と共通する主張として理解される。

　現在においても、教育が何らかの政治的意向によって、国益（ナショナリズム）や大人への迎合（ポピュリズム）によって過度に偏向しないようにすることは大事であるが、そのためには、政府内のどこで、またはどのように教育を扱うかといった、単なる政府部内の体制の問題、あるいは地方自治体を含めた教育行政制度の問題として「四権分立」の構想を捉えてしまうと、ほぼ同時代に提唱された「教育国連」構想とどのような関係にあり、どの程度連動するのか、理解困難になってしまうと思われる。

　1973年10月に池田先生の提言された「教育国連」は、ユネスコ（国連教育科学文化機関）が各国政府を基本メンバーとする（国際法上の）国際機関、すなわち Inter-Governmental Organization であるのに対し、世界各国の教育関係者などが集まる「教育国連」は、国際法上は〝国際NGO〟の性格を持った機関である。2000年9月の提言においても、多様な教育関係者が国境を越えて交流を深め、平和教育に寄与するための各種の提案がなされたほか、池田先生は数多くの機会で同種の提案をされているが、これらも「教育国連」提言以来の流れとして理解される。

池田先生は随所において「四権分立」構想と「教育国連」構想を併記して紹介されているが、「四権分立」構想を国内の政府部内の制度に関する提案としてのみ理解してしまうと、これと民間ベースの活動を含む国際NGOとしての「教育国連」を連動させる池田先生の主張が理解できなくなってしまう。

　もちろん「四権分立」構想の趣旨として、制度的な面または「政治と教育」という面が重要であることは否定できない。教育行政が青少年の未来や幸福に向き合うことなく、政治家や有力者の意向や要請によって、教育内容の国益・ナショナリズム偏重や大人（多数の有権者）への迎合（ポピュリズム）などに走ってしまえば、それによって教育内容も偏向してしまうので、このような事態を避けられるような体制が担保されることが望まれる。

　他方で、「四権分立」構想にいう「教育」には何が含まれるか、学校教育だけを特別に扱う構想なのか、それとも学校外教育、民間団体や企業による様々な教育的事業も含めて、教育全体を国の統治機構と別次元のものとして扱う趣旨なのかについて、これまで筆者は特に考察してこなかった。

　2000年9月の提言においては、「国家のための教育」「社会のための教育」から「教育のための社会」へのパラダイム転換に関する主張を述べられた上で、学校、地域、家庭の教育力をどのように高め、「教育のための社会」を構築していくかという観点から、積極的かつ具体的な提案がなされており、これらは本提言の根幹部分といって差し支えない。この点から考えても、池田先生の構想にある「教育」はかなり広い概念であることが推察できる。

　本稿では、教育を支える社会の在り方、教育力の高い社会はどのような社会であり、そのような社会を構築するためには何が必要なのか、2000年9月の提言においては何が述べられ、どのように考察されるのか、1969年に池田先生が提言された「四権分立」構想はどのように関連づけられ、理解できるのか、考察を行う。

1.「教育のための社会」提言における「教育力」と
　　その向上のための提言

（1）社会総体の教育力の衰弱

　2000 年 9 月提言では、学力低下や、小中学校の学級がコントロール不能となる「学級崩壊」などの問題を「学びからの逃走」と表現し、「子どもたちの不登校や問題行動、〝学びからの逃走〟傾向といった病理の背景には、学校に限らず地域や家庭など、社会総体が本来有しているはずの教育力の衰弱という根因が巣くっている。」とし、社会総体の「教育力の衰弱」により、教育が「機能不全」に陥っていると指摘されている。

　ここで蛇足ではあるが、言われているような「学校」「家庭」「地域社会」の教育機能があるべき姿と現状について、筆者のイメージを図示させていただく（図 1-1、図 1-2）。

【図 1-1】学校、家庭、地域社会の教育機能（あるべき姿のイメージ）

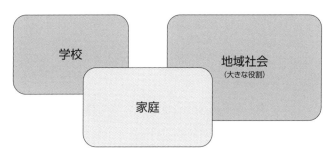

【図 1-2】学校、家庭、地域社会の教育機能（現状のイメージ）

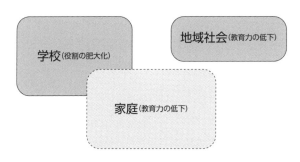

(2)「教育力」の本質論

──学校は教育の大部分を担わなければならないか?

2000年9月提言において「有名なエピソードですが、ソクラテスの青年への感化力を、世人（せじん）が〝シビレエイ〟のようだと評したのに対し、彼が、シビレエイは自分がシビレているからこそ、他人をシビレさせることができるのだと応じたという話があります（プラトン『メノン』藤沢令夫訳、『プラトン全集』9所収、岩波書店、参照）。これは、教育力というものを考える際の万古（ばんこ）変わらぬ、そして変えてはならない王道であります。ともかく、人間の心を動かすものは、人間の心以外にありません。」、さらには「人間と自然環境とのコミュニケーションも欠かすことはできません。」とされ、「二十一世紀の『教育のための社会』にあっては、人間が孤立と分断の力に翻弄（ほんろう）されることなく、人種や国境を超えて結びつきの絆（きずな）を深め、大自然とも縦横にコミュニケートしながら、共生のハーモニーを奏でゆく──そうした人格を形成していくことこそ目的であり、第一位の優先順位を与えられるべきではないでしょうか。」と、様々な人間同士、あるいは自然とのコミュニケーションについても、教育において重要であることを述べられている。

これは、池田先生が教育の目的を「子どもの幸福」であると力説した牧口常三郎初代会長の視点を受け継ぎ、かつ、「幸福」は「快楽」とは異なり、仏法の「縁起観」が説くように本当の幸福感は他との「結びつき」を通してしか得られないため、必然的にコミュニケーションを重視することによるものと考えられる。

以上の提言から察すると、例えば小学生が最も接する時間の長い担任の先生が、良い意味で影響力の強い〝シビレエイ〟であることが理想である。しかし現実には多様な教員がいる一方で、上記のように子どもたちは様々な人間の心に動かされ、人間同士、あるいは自然とのコミュニケーションが重要であることを考えれば、学校教育を肥大化させることよりも、学校外でも多様な経験の機会を子どもたちに提供し、それらの機会が子どもにとって教

育的な役割を持ち、学校以外でも多くの〝シビレエイ〟に出会うようにする方が重要であり、社会全体の教育機能を高めることが可能になると言えるであろう。

(3)「学校での学習」と「社会での実体験」のバランス

2000年9月提言当時、公立学校の週5日制の完全実施を前に、学校教育の規制緩和や「ゆとり教育」などに関する議論が盛んであったが、池田先生はこの提言において、「ゆとり」や「自由化」に対し、何のための改革なのか、学校、家庭や地域社会にどのような備えがあるのか、慎重すぎるくらいの検討が必要と述べ、放課後や休日の子どもの体験活動等について、真剣に準備しているのかどうかを問われた。

また、牧口初代会長が提唱された「半日学校制度」も、いわゆる「知育偏重批判」に立脚したものではなく、「学校での学習」と「社会での実体験」を同時に進展させるための提案であったと述べられている。

したがって、池田先生は子どもの放課後や休日の活動に消極的だったのではない。「教育のための社会」においては地域社会（住民個人や団体・企業など）が子どもの体験活動に果たす役割が大いに期待されるので、「社会での実体験」を本格的に実施するための地域社会における体制づくりが重要で、しかも大きな社会変革を要する作業であることを念頭において述べられたものと解される。

(4) 学校と教員の教育力を向上させる取り組み

2000年9月提言では、社会全体の教育機能を高める方向から、当然、学校と教員の教育力向上や学校と社会の連携についての提案もなされている。

しかし、現状では国が学習指導要領など教育内容の細部に関与する制度となっていることから、学校や教員の自律性が育たず、子どもの個性や創造

性も育たないので、国の基準は大枠にとどめて教育現場の主体性を尊重する旨主張され、学校が一丸となって挑戦する環境づくりと、学校内や近隣校との研修等について提案されている。

　また、シュタイナー学校のように独自の教育思想に基づいた学校や「フリー・スクール」のほか、アメリカの「チャーター・スクール」や日本でも「コミュニティ・スクール」などの取り組みがなされている例があることから、池田先生は、教育実践の成果を報告することを条件に新しいタイプの学校の認可要件を緩和することや、既存の学校にも実験的な授業を奨励し、実践報告を募る提案をされている。

(5) 社会での実体験、社会や自然との触れ合い

　勉強、テレビのほかゲームやネットなどのバーチャルな世界に囲まれ、子どもたちの自己中心的な行動が指摘される中、池田先生は、地域社会の人々や自然との触れ合う活動、それも、①単発ではなく継続性を持った定期的な活動、②社会に還元できる達成感のある活動、③成果の残る活動が望ましいと述べられている。

　これらの活動について、池田先生は地域社会と学校の役割分担については触れられていないが、学校や教員が責任を持つのではなく、地域社会のいずれかが主体的、恒常的に実施することが望ましいと考えられる。

(6) 地域社会の教育力向上

　2000年9月提言の末尾に近い箇所において、池田先生は、「『教育のための社会』との観点から論じたように、〝人を育てる〟という意味での『教育』は、本来、学校現場だけでなく社会全体で担うべき使命であります。私たちは今一度、『子どもたちの幸福』という原点に立ち返って、社会のあり方と自らの生き方を問い直す必要があります。」と述べておられる。

　さらに末尾において、「〝社会から切り離された教育〟が生命をもたないよ

うに、〝教育という使命を見失った社会〟に未来はありません。教育は単なる『権利』や『義務』にとどまるものではなく、一人一人の『使命』にほかならない──そう社会全体で意識変革していくことが、すべての根本であらねばならないのです。」と述べ、地域社会の一人一人が教育に関与すべきであることを主張しておられる。

(7) 家庭の教育力

祖父母などのいない核家族化が定着してから、長年にわたって家庭の教育力が低下していると言われており、核家族化以外にも、子どもの教育に当たる親の長時間労働、遠距離通勤、共働きなどによる家庭内のコミュニケーションの不足や、少子化の進行による兄弟姉妹とのコミュニケーション減少なども家族の教育力低下の要因として指摘されている。なお、このうち長時間労働と遠距離通勤については地域の教育力低下とも共通する課題である。

家庭は教育においても重要な要素ではあるが、2000 年 9 月提言でも家庭教育について多くは述べられていないこともあり、本稿では家庭教育の多様な課題には触れず、地域社会の教育力に焦点を当てて考えることとしたい。

2. 社会の教育力が衰えた現代日本の教育と、「教育のための社会」における教育について

(1) 教育力が衰えた現代日本社会における教育について

2000 年 9 月提言において最も憂慮されているのは現代日本社会における教育力の低下であり、長時間にわたる勤務や通勤などのため、社会の構成員の多くは「教育のため」に活動することが極めて少ない状況となっている。近年のコロナ禍においては在宅勤務の日数や時間数が増加したものの、成人や青年が地域で文化的、教育的あるいはスポーツ、レクリエーションなどの活動に親しむ時間が大きく増えたわけではなく、コロナ禍の後においても子

どもたちを対象とする教育的な活動に参加する大人の増加について、あまり大きな期待はできない状況である。

　このような状況下で、社会教育における青少年教育や多くの青少年団体活動、近所の異年齢集団による遊びも衰退している。なお、塾や習い事に通っている子どもたちは多いが、毎日通う子どもたちが大多数というわけでもない。社会の教育力が低下した現代日本では学校教育に多くの役割が期待されており、その学校教育は国や地方の教育行政の指導下にある。この状況を図示すると（図2-1）のようになる。

【図 2-1】（教育力が衰えた）現代日本社会における教育

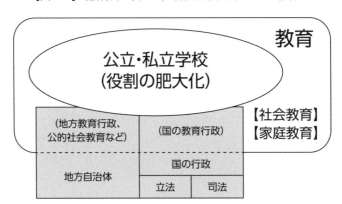

(2)「四権分立」論は公教育または学校教育だけの「独立」を目指すものか?

　学校教育に多くの役割が期待される中、そこで国や地方の政治家による学校での教育内容への圧力（主にナショナリズムやポピュリズムによる圧力）を避け、「教育権の独立」を目指そうと思えば、どうしても国や地方の行政や財政の構造に目が行くことになる（右ページの図 2 -2）。

　これまで、筆者も「四権分立」という言葉から、まずはこれに注目し、図2-2の点線の部分をどのように引き、いわばこの点線を太い実線にするのかを考えたが、仮にそのような教育行政制度を考えるとしても、「一部の有力

【図 2-2】 現代日本社会における政治と教育行政

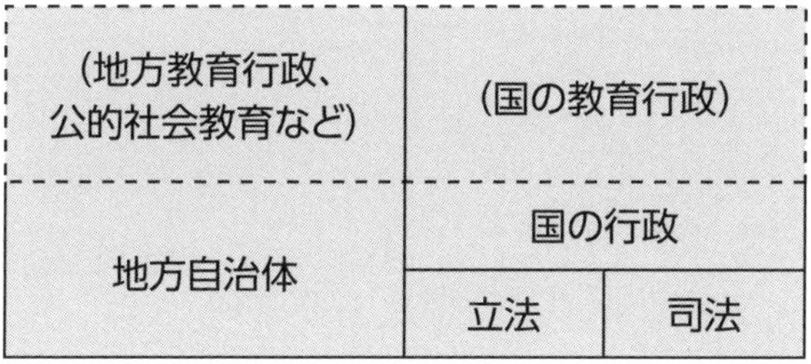

（地方教育行政、公的社会教育など）	（国の教育行政）	
地方自治体	国の行政	
	立法	司法

者の意向にコントロールされないように配慮する」というだけでなく、教育行政制度や教育財源を他の行政部門から制度的にも完全に独立させようとするならば、現憲法下で果たして可能なのかといった問題が生じる。また、より根本的な問題として、公教育または学校教育に関する教育行政制度をいじっただけでは、現在の教育に関する様々な問題を解決するには程遠いことは自明である。

　社会の各人、言い換えればすべての大人が「教育」に関わっていく社会を作ることが、現在の教育に関する様々な問題を解決するための前提であると考えられる。このため、「四権分立」論は公教育または学校教育だけの「独立」を目指すものではなく、むしろ、現在の「教育」よりも広範囲の人と人との多様な触れ合い、子どもと社会、子どもと自然との触れ合いを経験できるような、より豊かな「教育」（教育的事業の多様な展開）が実践されるべきと考える。

（3）社会における豊かな「教育」（教育的事業の多様な展開）を促し、 「教育のための社会」を実現する運動が重要

　上述のとおり、「教育」の示す内容が公教育または学校教育に限られていては、それに関する行政制度の改革を行ったとしても教育に関する多様な問題を解決できないと考えられる。今後は、学校外で多様な教育的事業が企画されるとともに、実際に大人たちが子どもたちのために社会で多様な教育

活動を行い、あるいは参加協力していくことが重要である。

　ただし、その活動内容を政府が規制してしまっては、単に公教育、学校教育がその場所を拡大するだけの話で本末顛倒である。まずは様々な教育的事業を社会の各地、各個人、団体や企業が幅広く展開することが重要であり、そこで人と人との多様な触れ合い、子どもと社会、子どもと自然との触れ合いを経験できるようにすることが、公教育・学校教育にとどまらない豊かな「教育」を提供することになり、「教育のための社会」の構築であると考えられる（図2-3参照）。

　様々な教育的事業を社会の各地、各個人、団体や企業が幅広く展開するようになるには、政府が支援するかしないかはさておき、民間レベルが主体となって社会的な運動によらなければ実現はないと考えられる。

【図 2-3】「教育のための社会」における（あるべき）教育

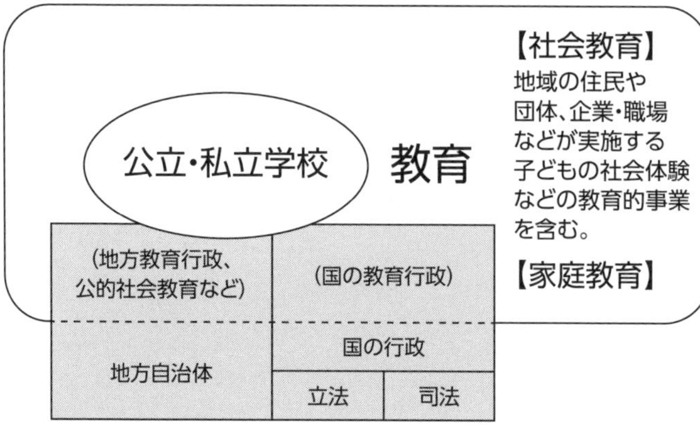

（4）『創価教育学体系』に見られる「教育のための社会」の発想について

　前述のように、牧口初代会長が『創価教育学体系』の中で提唱されている「半日学校制度」は、「学校での学習」と「社会での実体験」を同時に進展させるための提案であったが、学校での学習を終えた後に行う学校外すなわち社会での実体験は、学校教員ではなく社会で実務に携わっている

人々が、児童生徒を受け入れて初めて成立するものであり、社会の各成員が教育事業を担う心構えを持ち、地域社会にその体制ができていなければならない性質のものであり、「教育のための社会」と同じ発想に基づいていると考えられる。

　また、牧口初代会長が『創価教育学体系』の中で提唱されている「学校自治権」については、保護者の協力によって「学校自治権」を確立し、保護者が学校を助け、公正な運営を確保していくという提案である。これは牧口初代会長自身が経験されたような、政府所属の担当官が人事権をかざして圧力をかけてくることなどに対抗するには、地域に在住する保護者が公立学校の学校運営に参画協力して「学校自治権」を確立すべきという、戦前の教育行政制度に由来する問題に対処する提案ではあるが、「教育のための社会」と同様の発想がみられるといえよう。

(5) 2000 年 9 月提言および「四権分立」提言における
　　「教育のための社会」の姿について

　2000 年 9 月提言における「教育」は、学校教育や教育行政のみに関する提言ではなく、社会全体の持つ教育力の向上に関する提言である。「1.（3）」で前述したように、池田先生は牧口創価教育学会初代会長の「社会の実体験」重視の考え方に立脚しており、「教育」を公教育や学校教育のみに求めない考え方で一貫している。

　筆者は、これまで述べたような理由から、池田先生の 1969 年の「四権分立」提言における「教育」も、国の教育行政だけでなく、日本社会の持つ様々な教育機能を一体化してとらえられたものとして考える。これを大雑把に図示すると左ページ（図 2-3）のようになる。

　子どもによる社会での実体験をはじめ、学校外の様々な教育的活動を含めて考えると、「教育のための社会」においては社会の各構成員が教育に参画していくことになる。

このような図を描いてみると、もちろん国や地方自治体は学校教育や公的社会教育について相当の責務と権限を持つべきではあるが、「教育のための社会」において盛んになるべき民間教育活動の多くは、必ずしも国の三権を司（つかさど）る国や地方自治体の指導下にはなく、したがって政府や地方自治体は必ずしも教育の中心的役割を果たすべき存在ではなく、各地の公立学校やその教員の責任や指導の下に行われるべきものでもないということになる。

　このことから、「教育」は国の三権からは自（おの）ずと相当程度独立すべきものであるともいえよう。

　また、「教育のための社会」が構築された状況に至っても、政府関係者や政治家が現時点での民間の教育活動に対し、国や社会のニーズのみを考えて安易に口をさしはさむようなことは厳に慎むべきであり、補助金と引き換えにこれらの内容をある程度管理するような制度についても慎重になるべきである。

　ただし、池田先生の提案にもあるように、教育関係者が公教育、私立、民間の立場を超えて次代の教育方策について協議する場は必然的に必要であると考える。また、海外において同様の立場と関心を持った教育関係者と連帯し、情報交換や協議を行う場（池田先生の提唱された「教育国連」など）も必要になると考える。

結論　「教育権」はいわゆる「三権」とは異なり、
**　　　　政府内ではなく、「民」を中心とした社会全体にある。**
**　　　　「教育のための社会」の構築こそが**
**　　　　「四権分立」「教育国連」の実現方法である。**

　池田先生が「四権分立」を提唱された1969年は、国家による教育（特に大学運営）への過度の介入が危惧される状況があった。近年においても、一部の国などで偏狭な愛国心や自国への忠誠を強調する過度のナショナリズ

ムを教育内容に持ち込んだり、安易な情報教育など大衆迎合的な教育政策が行われたりすることは無視できない状況である。

　他方で、「四権分立」提唱やその4年後の「教育国連」提唱の時点で、池田先生は「教育」を大学などの学校にとどまらず、私立や民間の教育的事業を含めて幅広くとらえ、それらの関係者が国の枠を超えて集い、協議することも提案されている。

　2000年9月提言において最も憂慮されているのは社会における教育力の低下である。これを向上させるためには、教育が概ね学校に任されてしまっている現在の状態から、社会のすべての大人が何らかの形で地域の教育的事業に参画または協力するような方向で、社会の大多数を巻き込んで運動を展開する必要がある（次ページの図3参照）。

　このような「教育のための社会」においては、政府が教育事業全体に対して、必ずしも絶対的な指導的役割を担う立場にはならないことから、民間教育関係者を含む幅広い関係者の知恵を集め、賢く集約する必要が生じる。特に、次の時代の教育方針等を考えるに当たっては、国内だけでなく、海外において同様の関心を持った教育関係者と連帯し、情報交換や協議を行う場が必然的に必要になる。これこそ、池田先生が1973年に「教育国連」として提唱されたものである（次ページの図3最下段参照）。

　以上の運動は、一言でいえば「大人と子どもが共に社会に還り、大人にとっては教育的事業、子どもにとっては社会的体験に参加する。」ことであるといえる。

　具体的には、大人が個人または団体や企業に所属しながら、放課後や休日の児童生徒を対象とした職業体験、自然体験、ボランティア、科学教室、スポーツ教室などの教育的活動に参画したり協力したり、あるいはそれらを財政的に援助したりすることであり、そのような活動が地域で日常的に行われている社会が「教育のための社会」であるといえよう。また、乳幼児向けや成人向けの教育的活動もこれらと不可欠に連関する。

教育機能の弱い社会（学校の機能が肥大）：

行政が公教育（多くの学校）を指導、管理、財政支援するため、
概ね行政が教育を主導する。

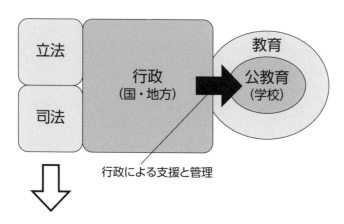

「教育のための社会」（四権分立）：

行政による公教育の管理と財政支援はあるが、
学校外教育の機能が強く、教育に関わる地域の団体等の役割が大きいため、
行政から統制を受ける部分は相対的に少ない。

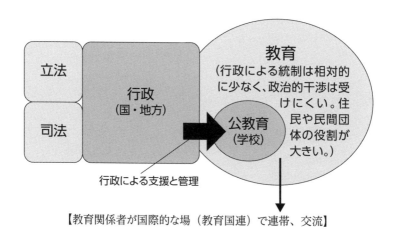

国際的には、学校教育を含めた教育的活動を充実するための目標と数量的指標（児童１人の月当たり教育的活動への支出や各国のGDPに対する教育的活動への支出比率、教育活動に参加する国民の割合など）をSDGｓ（2030年までの開発目標）の次の開発目標（Development Goals)に盛り込むとともに、開発途上国への多様な教育支援に取り組むことや、それらを含めた枠組みについて教育関係者が国際的に議論することが重要であると考えられる。

　多くの方が本稿の趣旨を理解され、ご意見や叱責を賜ることを願う。

【引用・参考文献】

池田大作「教育提言「教育のための社会」目指して」（「聖教新聞」2000年9月29日付及び翌30日付）、『池田大作全集』第101巻所収、聖教新聞社、2011年。

池田大作「大学革命について」（『潮』1969年7月号、潮出版社）、『池田大作全集』第19巻所収、聖教新聞社、1990年。

池田大作「第5回NSA（現・アメリカSGI）学生部総会メッセージ」（『大学新報』1973年10月16日号、聖教新聞社）、『池田会長講演集』第6巻所収、聖教新聞社、1976年。

小山内優「教育の独立性とナショナリズム、ポピュリズム──「教育のための社会」と「四権分立」をめぐって」、大﨑素史編著『四権分立の研究─教育権の独立─』所収、第三文明社、2014年。

持続可能な開発のための教育における創価教育の意義

創価大学講師
島田健太郎

●はじめに●

「持続可能な開発のための教育」（以下、ESD：Education for Sustainable Development）は国連教育科学文化機関（以下、UNESCO）が推進する価値教育である。価値教育は「行動の一般的な指針として、または意思決定をしたり信念や行為を評価する際の判断基準として使われる原則や基本的確信、理想、基準、生き方（ライフスタンス）を教授したり学習すること」を指す[1]。戦後、継続的に展開されてきた UNESCO の価値教育プログラムは、時代に沿って中心とする教育内容が変容しつつも一貫して平和の実現を根本理念としてきた[2]。本稿で取り扱う ESD は UNESCO によって 2005 年以降に推進された価値教育プログラムの一つである。

日本国内で ESD の普及が進む背景には、地球規模課題に対応できる人材育成の在り方を再検討する動きがある[3]。本稿は近年の ESD 研究を踏まえ創価教育の意義を考察する。近年、創価教育研究が国内外で展開される中で[4]、池田思想研究が発展している[5]。そこで本稿は「持続可能な社会構築にむけて行動変容を促す教育において創価教育はどのような意義をもつか」という研究課題を設定した。創価教育と ESD の接点は、SGI（創価学会インタナショナル）会長池田が環境問題や行動変革を促す教育を重視する提言

に見出せる。例えば第45回のSGI提言で池田は気候変動問題を取り上げ[6]、第44回のSGI提言では「持続可能な社会の構築には一人ひとりの意識や行動変革が不可欠である[7]」と主張した。

本稿の目的は創価教育とESDの特徴を関連研究より整理し、ESDにおける池田思想の「創価教育」の意義を考察することである。本稿の構成は第1章で創価教育研究の動向を概観し、第2章でESD研究やESDの理念・実践を確認し、第3章で池田思想における創価教育について検討し、最後に結論を述べる。

1. 創価教育研究の動向

(1) 創価教育（学）研究

本節は「創価教育（学）」の概念や内容を確認する。既往研究は史実の詳細な検討から創価教育の淵源を明らかにした。例えば、塩原は人生地理学出版の経緯[8]、創価大学成立史[9]、創価教育学の誕生の時期[10]の研究によって牧口の思想的背景や創価教育学説誕生の経緯を示した。池田思想や池田の行動の研究も存在する。伊藤は池田平和思想の研究者・大熊信行と池田の対話の分析[11]、池田が編集した雑誌『少年日本』（1949年10月号）に掲載の小伝「大教育家ペスタロッチ」の分析[12]などから、池田の世界市民性教育観、幸福観など多様な視点の研究を行っている。

また、古川は創価教育という概念や『創価教育学体系』の成立背景・史実を明らかにした[13]。創価学会初代会長の牧口常三郎、第2代会長の戸田城聖とのやり取りから「価値創造」の短縮形として、「創価」を冠する教育学会を設立したことや、牧口のこれまでの教育実践経験を基に戸田が整理・出版した学説が『創価教育学体系』であることである。つまり、価値創造を行うことができる人間を育成することが創価教育ということになる。『創価教育学体系』第2巻第3編で展開される牧口独自の価値論によると、創価教育の

特色は「美・利・善」の価値の中でも善の価値、即ち人の役に立つ価値を生み出すことが自身の幸福にもつながること、そして、学習者の幸福を第一とする点にあることが分かる。

牧口研究の先駆者である斎藤は創価教育と「創価教育学」は明確に異なると説明する。[14]「創価教育学」の集大成である『創価教育学体系』は牧口が生きていた当時の教育制度や社会情勢に対する課題を踏まえて、新しい教育実践から生み出した学説になる。『創価教育学体系』が教育提言や教育学のガイドラインを示したものに対して、創価教育は各教育実践者が学習者に価値を創造する方法を教える営みである。創価教育に正解はなく、それゆえに各教育者が牧口・創価教育学を適切に再現・応用するためには「創価教育学」の適切な理解が必要である。

前述の動向を踏まえ、2021 年現在、池田思想・創価教育研究の展開の背景には牧口思想・『創価教育学体系』の研究蓄積によって学問の基盤ができつつあることが分かる。次節では、近年の創価教育研究が理論研究から応用研究への移行過程にあることを確認する。

(2) 2000 年から 2021 年までの研究動向

本節は Goulah & Gebert が Holquist より援用した枠組み[15]を用いて国内の創価教育に関する論文を大別し（表1）、研究動向を確認した。以下に手順を説明する。まず、論文・図書などの学術情報検索データベース・サービス、CiNii（NII 学術情報ナビゲータ［サイニィ］）でキーワード検索し、対象論文を抽出した。「創価教育」を含む文献を検索すると、2000 年から 2021 年に出版された文献は 444 件あった。次に、その中から商業雑誌を除き、学術誌を選定した結果、『創価教育』『教育学論集』『創大教育研究』『通信教育部論集』『太成学院大学紀要』『東洋学術研究』を抽出した。その後、上記の学術誌から講演・シンポジウム・セミナー報告、書評、資料紹介は除外し、原著論文、特集論文、研究ノートを分析対象とした。「創価教育」

のキーワードがタイトルや本文にあっても、内容が創価教育に触れていないもの、内容は創価教育に関する研究でもキーワードやタイトル及び本文に「創価教育」が含まれない文献は対象外とした。その他、本文にアクセスできないものを除外し、上記の基準に従って分析対象を絞り込んだ結果、最終的に119本が対象となった（表2）。

【表1】創価教育研究の分類

研究志向性の分類	説　明
本質的な研究 Intrinsic Research:I	歴史的・文化的な観点から牧口・戸田・池田の実践、思想を考察
応用研究（比較） Extrinsic-Comparative: EC	文献や概念の他分野への応用。実践や思想の比較
応用研究（理論） Extrinsic-Theoretical: ET	創価教育学の教授法や教育学説の理論に関する研究(例:言語教育、作文指導法など)
応用研究（実証） Extrinsic-Empirical: EE	創価教育の実践事例に対する効果や実践者の解釈についての社会調査、およびその研究
その他の研究 Other Study:O	上記の分類に当てはまらない研究

【表2】採用した学術誌の種類と論文本数 *

学術誌名	発刊機関名	対象本数
創価教育 **	池田大作記念創価教育研究センター(2008-)	66
創価教育研究 ***	池田大作記念創価教育研究センター(2002-2007)	26
		小計 92
創大教育研究	創価大学教育学会	11
教育学論集	創価大学教育学部および教職大学院	8
通信教育部論集	創価大学通信教育部学会	5
太成学院大学紀要	太成学院大学	2
東洋学術研究	東洋哲学研究所	1
合計		119

* 特別講演、講演会、書評、資料紹介、活動報告などを除く。
**「創価教育」、「創価教育研究」はともに創価大学の池田大作記念創価教育研究センターから発行されている。
　2008年に誌名が変更された。
*** タイトル、キーワード、本文に「創価教育」を含まない文献は入っていない。

表1に示した枠組みに沿って分類した結果を図1に示す。歴史的・文化的な観点から牧口・戸田・池田の実践、思想を考察した本質的な研究は全体の中で51%を占める。そのうち8割以上が池田大作記念創価教育研究センター発刊の『創価教育研究』『創価教育』に掲載された論文及び研究ノートである。また、本質的な研究は2010年以前に集中する（図2）。一方、2010年以降は応用研究が増えている。創価大学や創価学園の創立者でも

【図1】創価教育研究の分類（N＝119）

【図2】創価教育研究の分類（2010年以前と以降、N＝119）

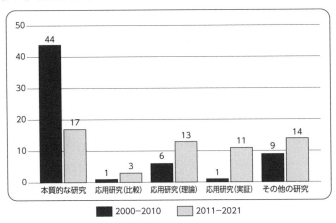

あり、創価学会の第3代会長の池田の思想に対する研究が以前に比べて増加した。例えば、世界の識者との対談の分析や[16]、創価学園の卒業生や教職員のライフヒストリーから池田思想、女性の生き方を明らかにした研究がある[17]。

また、臨床教育学の視点からの研究もある。例えば、特別支援教育におけるインクルーシブ（包摂的）の理念と創価教育[18]、学校組織のマネジメントと創価教育の実践[19]、地域での授業実践を創価教育学の視座から解釈した研究などである[20]。これらの研究は執筆者の実践経験を踏まえて創価教育を解釈するという点で稀少な研究である。

上記の分析対象の文献ではないが重要だと思われる他の研究は、池田の宗教家としての思想や行動を記述した研究[21]、中国の研究機関によって展開されている一連の池田大作研究である[22]。近年の研究動向から、池田思想や創価教育の実践から「創価教育たるもの」の本質を解明する試みがなされていることが分かる。

以上、2000 年以降の創価教育研究の動向を確認してきた結果、研究の関心が本質的な研究から応用研究に徐々に移行する過程にあることを確認した。応用研究の中でも理論を対象とする研究が多く、今後は特に臨床教育学の立場からの実証研究が更に必要だと考えられる。池田思想・創価教育研究に求められることは、現行の教育制度や教育学理論、教授法との関係性を明らかにすること、またそれによって実践者の創価教育の実践を促すと共に実践からの理論面へのフィードバックを促すことである。

2. 持続可能な開発のための教育

前章は創価教育研究の研究動向を整理し、研究の関心が池田思想や池田の創価教育の実践への移行過程にあることを確認した。本章は創価教育と ESD がどのような関係性を持つかを考察する準備段階として、ESD の理念や近年の研究動向について整理する。

（1）持続可能な開発のための教育とは

　持続可能な開発は「将来の世代の欲求を満たしつつ、現代の世代の欲求も満足させるような開発」を意味し、経済、環境、社会の調和を図る（図3）。2015 年に設定された持続可能な開発目標（SDGs：Sustainable Development Goals）は 2030 年までに 17 の目標達成を掲げる。そして、ESD は「現在と将来の世代のための環境保全、経済的妥当性、および公正な社会について、学習者が十分な情報を得た上で決定し、責任ある行動をとることができるよう、エンパワーする教育」と定義される[(23)]。ESD は持続可能な開発の概念を実現するための意思決定と行動変容を強調する（図4）。

　また、ESD は環境保全を促す環境教育との親和性が高い。今田は ESD が従来の自然保全を主な目的とした学びの概念を拡張し、「環境について

【図3】持続可能な開発の概念図[(24)]

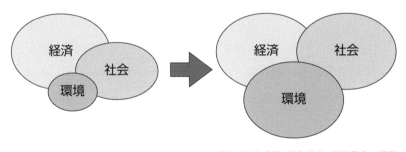

現在：経済成長に偏っている　　　　理想：経済成長、社会進歩、環境保全の調和

【図4】持続可能な開発のための教育（ESD）の概念図[(25)]

の教育から環境のための教育」に変えたことで、開発や人権、平和を包含する国際理解教育の理念や実践との親和性が高くなったと説明した。[26] 他方、阿部は環境教育から派生しつつも ESD と環境教育との関係性が明確でないことを示唆する。[27]

　ESD が国際的に認知された契機には諸説ある中で、先行研究の多くが 1992 年地球サミットの「地球環境行動計画」のアジェンダ 21[28]、「国連 ESD の 10 年（2005-2014)」（DESD：Decade of Education for Sustainable Development）の影響の大きさを指摘する（表3）。

【表3】ESD の国内外普及の潮流[29]

	国際社会の潮流	国内の潮流
-1990	「持続可能な開発」用語の初出し『World Conservation Strategy』(IUCN,1980)。	
	環境と開発に関する世界委員会報告書「Our Common Future」(1987)	
1991-2000	環境と開発に関する国際会議(地球サミット)、地球環境行動計画「アジェンダ 21」(1992)	地球環境戦略研究機関(IGES)の環境教育プロジェクト(1998〜2004)
	環境と社会に関する国際会議、テサロニキ宣言(1997)	中央環境審議会答申『これからの環境教育・環境学習』(環境庁 1999)
2001-2010	国連のミレニアム開発目標 (MDGs: Millennium development Goals)(2000)	「持続可能な開発のための教育の10年」推進会議(ESD-J)発足(2003)
	環境サミット(2002)	ESD関係省庁連絡会議が内閣に設置(2005)
	「国連ESDの10年(2005-2014)」(DESD：Decade of Education for Sustainable Development)(2005)	ESD関係省庁連絡会議が日本の国内実施計画を策定(2006)
2011-2020	第37回ユネスコ総会「ESDに関するグローバル・アクション・プログラム(GAP)」採択(2013)	ESDユネスコ世界会議において「あいち・なごや宣言」が採択・GAPの開始(2014)
	国連サミットで持続可能な開発目標(SDGs: Sustainable Development Goals)が設定(2015)	
	「持続可能な開発のための教育:SDGs実現に向けて(ESD for 2030)」(2019)	

（2）UNESCO の価値教育における持続可能な開発のための教育

　前項は ESD が環境教育の一環として始まった経緯に触れた。以下の図は、ESD が UNESCO の推進する他の価値教育と統合・連動し、包括的に実施されてきた経緯を示している（図5）。近年、ESD と共に地球市民教育（以下、GCED：Global Citizenship Education）が注目を集めている。[30] 2013 年の潘基文前国連事務総長によるイニシアティブ「Education First」、2015 年の第一回世界市民性教育フォーラム開催を契機に、GCED は価値教育の基幹教育プログラムの一つとなった。[31] GCED は「学習者の中に、人類

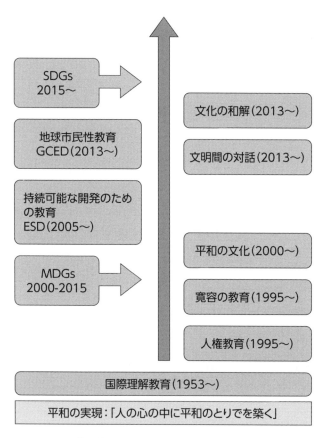

【図5】ユネスコの価値教育の変遷[32]

社会全体が直面しているグローバルな諸課題に対して、地域の視点およびグローバルな視点の両方からよりよい解決の方策を考え、みずからそれに関わる動機づけを醸成する取り組みであり、またそれを通じて、より公正で、平和で、寛容で、安全で、持続可能な世界を実現するために当事者として積極的な貢献ができる人を育成する教育の営みである」と定義される[33]。

ESD は環境の中の人間という視点から人や社会の在り方を見直すというアプローチをとるのに対して、GCED は人と人の関係性に焦点を当て公共空間で生きるうえでの社会性を重要視する。したがって GCED もまた持続可能な社会の実現を目標としており、ESD とは相補的な関係にある[34]。

地球市民性は多元的なアイデンティティーの一部であり、異なる次元間でのアイデンティティーの調和を考える必要がある。小林は個人レベルの「私」「家族」「国民」「広域（例：アジア）」と最上位段階の「地球市民」とは包含関係にあると指摘する[35]。そして、アイデンティティー観（宗教、政治的立場、生活信条など）や本人が所属する集団（会社、学校などの生活空間）から影響を受け、形状を変え、各段階の比率を変えると説明する。

地球市民性を培うことは必ずしも他次元の市民性と対立しないが、国民国家による公教育との関係性には特に注意が必要である。公教育はその性質上、国民を統合させようとする力が働く。小林は地球市民性の育成に前向きなユネスコスクール関係者でさえ、東アジア地域の領土問題の葛藤の解消は簡単ではなく、一方、チャイニーズ・アメリカンのような多元的アイデンティティー保持者ほど葛藤解決能力が高いという研究成果報告に触れる[36]。そして、各アイデンティティーの統合の在り方に注目し、異文化間の諸問題や国際間の葛藤の解決に向けて、視点取得能力の促進、対話スキルを醸成する学習プログラムと指導法の開発の必要性を指摘する[37]。

以上、ESD は UNESCO の価値教育プログラムの一環であることを確認してきた。ESD は環境教育を源流としつつ、現在では GCED と相補的な関係にあること、そして持続可能な開発を実現するための行動変容を促す教

育であることを確認した。次章は ESD と池田思想における創価教育の共通
点を整理する。

3. ESD と池田思想の創価教育

（1）創価教育とは──池田の視点
　池田は新聞記事や講演・スピーチ等で「創価教育」について述べている。
ここでは『創価大学創立 30 周年記念出版　創立者の語らい』にも収録さ
れた対談集での説明を紹介する。

　　「創価」とは、価値を創造するという意味です。「価値」──それ
　は人間のみが正しく認識し、実感できる課題です。牧口先生の教育は
　「人格価値」をめざしております。つまり、創価教育の根幹は、「人格
　の価値」をいかに高めていくかにあります。牧口先生は『創価教育学
　体系』の中で、「高い人格価値の人間」とは、「居ることを一般から希
　望される人」「常に社会の結合的勢力として存在する者」と論じており
　ます（第二巻第二篇「価値論」、聖教文庫）。（中略）戸田先生も牧口先
　生も、ともに教育者でしたが、「知識を知恵と錯覚しているのが、現代
　人の最大の迷妄である」と喝破しておりました。当然、「知識」を学ぶ
　ことも重要ですが、問題なのは、その「知識」をどのように生かして活
　用していくか、という能力の養成ですね。つまり、「知識」を生かす「知恵」
　が、どうしても必要である、ということです。その「知恵」とは、まさ
　に価値を創造する力なのです。（中略）私は、「知識」を活用する能力、
　つまり、「知恵」の源泉となるものこそ、人間の目的観や価値観であり、
　これらを育む「人間教育」に、今一度、焦点を当てるべきだと思って
　います。[38]

池田は牧口の創価教育の根幹は「人格の価値」をいかに高めていくかにあると説明する。また、「知識」を活かす「知恵」こそ「価値を創造する力」(≒創価）であり、知恵の源泉は人間の目的感や価値観であると説明する。つまり、池田は人間の目的感や価値観を育む教育（≒人間教育）を重視する。

　人間教育を重視する池田の考え方は、2002年の環境開発サミットに寄せた提言にも反映されている。[39] SGI が「持続可能な開発のための教育の10年」の制定を提案したことに触れ、環境教育を推進する10年として①地球環境問題の現状を知り、学ぶこと②持続可能な未来を目指し、生き方を見直すこと③問題解決のために、ともに立ち上がり、具体的な行動に踏み出すためのエンパワーメント（力を与える作業）を総合的に進めることが大切だと述べた。特に②は倫理観の確立を指し、牧口の郷土に根ざした学習から生活実感に根ざした自然観と倫理観を養うことを提案する点で人間教育の要素と類似する。

　「郷土（地域）」から「世界」、「世界」から「郷土」を見るという往還作業が先述の人間教育に繋がり、そうして培われた価値観が知恵（価値創造力）に通じるのである。地域を大切にする教育は2012年の提言でも言及されている。[40]

（2）池田の教育理念の根幹にある世界市民性
──コロンビア大学での講演より

　前節で池田の教育観において社会変革志向は ESD と同じだが、郷土・地域での学びを起点に倫理観の確立を知恵の源泉とする点に独自性があることを確認した。先述の 2002 年の提言以前に、池田は 1996 年のコロンビア大学ティーチャーズ・カレッジでの講演で世界市民性に言及した。[41] 池田は仏法を基調とした人間主義の観点から、3つの世界市民の要件を挙げた。以下に紹介する。[42]

　①生命の相関性を深く認識しゆく「智慧の人」

②人種や民族や文化の〝差異〟を恐れたり、拒否したりするのではなく、尊重し、理解し、成長の糧（かて）としゆく「勇気の人」

③身近に限らず、遠いところで苦しんでいる人々にも同苦し、連帯しゆく「慈悲の人」

　池田は仏教における「智慧」「勇気」「慈悲」の３つを備え、「たゆみなく他者のために行動しゆく人格を『菩薩』」と呼び、菩薩が世界市民のモデルだと説明する。一個の人間として、万人が内なる「善性」を持つとする仏法の観点から、他者との差異に固執せず、同じ人間であるという共通性に目を向けることを強調した。そして、「世界市民」性教育の実践に向けて、郷土、生活の場での学びを指摘した。さらに、「世界市民」のネットワークを構築する制度基盤として国連の重要性を指摘した。非政府組織が「地球倫理」の合意形成により、一層のプレゼンスを発揮できる場になるからである。そして、地球的な課題を各国地域の教育機関を通じて学ぶ教育内容にも言及した。(43)次節は池田の世界市民性教育が仏法を基調とする点に着目して、特に仏法における「縁起」と「中道の智慧」を確認する。

（3）仏法にける環境への視座：「縁起」と「中道の智慧」

　池田思想における「人間教育」は仏法の観点から、一人の人間として各人に内在する「善性」に立脚した生命観に基づいている。そして池田は、勇気を持って自発的な行動を起こすうえで必要なことは、生命の連関性を説く「縁起」と呼ばれる世界観を持つことであると提唱した。「縁起」は自己を変革の主体と捉え、他の生命と意識的に関わり合うなかで環境を変革しようとする意志力を想定する点で重要であると説明する。更に、その意志は他者への「慈愛」の一念から生じるとする。

　山本は仏教において環境問題を考える際に重要な視点について、天台の「一念三千論」の「三世間」、「縁起」および「中道」にあると述べてい

(44)
る。そのなかで「縁起」は関係性を意味し、環境問題は「人間の心身」の問題、「人間と人間の関わり」の問題、そして「人間と自然環境との関わり」の問題と解釈できるとする。そして、「中道」の視点は、あらゆる関係性のバランスを考える必要性を意味する。「中道の智慧」は私たちの活動において生態系の回復力を破壊しない程度の野生生物の捕獲や森林伐採を許容する。(45) どちらか一方の価値に偏らず調和を求める点は、持続可能性の概念と共通する。すなわち環境問題を考える際に、常にこの3者を調和的に保つことが要請されると説明する。本稿で取り上げた ESD も GCED も、自然環境や人との関係性を重要視している点で仏教哲学と親和性が高い。

　最後に、池田の仏法を基調とした生命尊厳の思想の淵源について確認したい。川田は牧口・戸田・池田、三代の師弟によって継承されてきた世界市民性が世界各国から多彩な顕彰を受ける要因だと述べている。(46) 牧口は 1903 年に公刊した『人生地理学』で、人間が「郷土」「国家」「世界」という3つのアイデンティティーを持つ「世界民」であるべきことを指摘し、郷土・国家・世界のすべてを愛し、地球的な連帯と「共生」を展望する多次元的な哲学を明示した。戸田は、世界平和の域を超えた、全人類、全国家の共存共栄という理想、「地球民族主義」を提唱した。そして、池田は 1975 年1月 26 日に SGI が結成された際、署名簿の国籍欄に自ら「世界」と綴り、先述の提言や講演でも世界市民性教育の重要性を提起した。池田は世界 54 カ国・地域をかけめぐり、7000 人を超える識者と対話を重ね、人類の幸福と世界平和を希求する行動を貫いたことで顕彰されている。そして、郷土から世界への眼差しを培うことを強調するのは、「郷土科」を推奨した牧口の意思を継承しているからだと考えられる。

おわりに

　本稿は「持続可能な社会構築にむけて行動変容を促す教育において創

価教育はどのような意義をもつか」という研究課題を設定し、国内の創価教育、ESD の研究動向について整理し、「創価教育」の意義を考察した。UNESCO の推進する価値教育は平和の実現を起点に、時代に応じて重点領域を転換しながら展開されてきた。また、2021 年時点で環境保全を重視する ESD と地球規模課題に対する当事者性を強調する GCED は相補的に展開されている。

ESD や GCED は共に地球規模課題に対する社会変革を志向する。そして、池田思想における創価教育も同様である。池田は人生の目的や価値観を育む人間教育が適切な「智慧」を培い、「慈悲」に基づいて「勇気」と共に社会変革への行動変容を促すと主張した。つまり、ESD における創価教育の意義は内面変革から行動変容に至る過程、また郷土・生活の場を起点に世界への眼差しを養うという教授法を明らかにした点にある。

最後に本研究の限界と今後の展望について述べる。まず、創価教育研究の動向を提示したが、「創価教育」以外の概念（例えば「人間教育」など）における研究、中国や北米の研究成果を分析に含めていない点である。次に、本研究の限界は ESD の具体的な実践事例を踏まえて創価教育の意義の検証がない点である。各教育段階における ESD 受容過程の検討と共に、政策・制度、授業実践の課題の分析も必要である。そうした実証分析の蓄積が、ESD や GCED 分野の理論・分析手法や枠組みの確立につながることが期待される。

そして、池田の世界市民性教育に対する研究も必要である。特に実証分析の視点から、郷土を起点とした学びによって智慧、慈悲、そして勇気の獲得を通じて社会変革への行動へと至る過程の検証は他の学問領域や社会実装への影響が大きいと考える。2020 年で開学 50 周年を迎えた創価大学は 10 カ年中長期計画、Soka University Grand Design 2021-2030 を策定し、価値創造を実践する「世界市民」を育む大学をテーマに掲げた。創価大学の取り組みが池田の世界市民性教育の反映であるならば、創価大

学における世界市民性教育の実践を検証していくことで池田の「創価教育」とは何かを明らかにすることができると期待する。

謝辞

　本稿は 2019 年 12 月8日開催の創価学会学術部 SDGs セミナー「持続可能な社会を菩薩の智慧と勇気で！」での講演「持続可能な開発と創価教育―環境に対する視座―」をもとに加筆・修正をしたものです。貴重な機会を用意してくださった関西学術部の皆様、および当日参加の方からのコメントに御礼申し上げます。また、東洋哲学研究所環境グループの皆様からも貴重なご意見を賜りました。最後に、査読者の貴重なアドバイスによって、更に良いものにすることができました。心より御礼申し上げます。

【注】

　本論文は「東洋哲学研究所紀要」第 37 号（2022 年 2 月 4 日発行）に掲載された論文の一部を加筆・修正したものである。当該論文における主張は著者個人のものであり、所属団体とは一切関係ない。

(1) 江原武一（2003）「アメリカの公教育における宗教の位置」江原武一編『世界の公教育と宗教』東信堂, pp.28-29.

(2) 小林亮（2015）「ユネスコスクールの将来展望と課題―ユネスコの価値教育との関連性―」『論叢：玉川大学教育学部紀要』, pp.19-33.

(3) 阿部は ESD の価値を効果的に伝え、理論と実践の統合をしながら継続的に取り組みの検証を行う必要性を指摘した。

(4) 創価教育を特集号に組んだ海外の学術誌も存在する。*Journal of Interdiscip-linary Studies in Education Vol9.* Special Issue：Soka Approaches in Education：https:// doi.org/10.32674/jise.v9iSI

(5) 林彩梅（2016）「池田大作氏の世界市民教育観―青年が構築する希望・連帯・平和の世紀へ―」『創価教育』(9), pp.29-59. ; Sharma, Namrata（2015）「地球市民教育における比較教育：創価教育をベースにした授業科目に関する考察」『教

育学論集』（66），pp.119-129.

(6) 池田大作（2020）「第45回「SGIの日」記念提言 人類共生の時代へ 建設の鼓動」（聖教新聞2020年1月26日付）

(7) 池田大作（2019）「第44回「SGIの日」記念提言 平和と軍縮の新しい世紀を」（聖教新聞2019年1月26日付）

(8) 塩原将行（2002a）「上京後の牧口常三郎と『人生地理学』出版に至る経過（牧口常三郎「生誕130周年記念特集」）」『創大教育研究』（11），pp.47-61. Retrieved from https://ci.nii.ac.jp/naid/110007149998/

(9) 塩原将行（2002b）「戸田城聖の教育出版事業——創価大学成立史の一視点」『創価教育研究』（1），pp.21-33.

(10)塩原将行（2011）「『創価教育学』誕生の時期をめぐって——牧口常三郎と戸田城聖の対話を手がかりに」『創価教育』（4），pp.190-221. Retrieved from https:// ci.nii. ac.jp/naid/40018812554/

(11)伊藤貴雄（2008）「池田平和思想の研究（1）大熊信行との対話に注目しつつ（第1回）大学紛争論」『創価教育』（1），pp.15-44.

(12)伊藤貴雄（2005）「『少年日本』掲載の山本伸一郎「ペスタロッチ」について（1）」『創価教育研究』（4），pp.31-62.

(13)古川敦（2004）「創価教育学の基礎概念（1）「真理の認識」と「価値の創造」」『創価教育研究』（3），pp.33-50.

(14)斎藤正二（2010）「『創価教育学体系』研究序説——「新教育学建設のスローガン」について（特集『創価教育学体系』発刊80周年）」『創価教育』（3），pp.142-152.

(15)Goulah, Jason., & Gebert,Andrew.（2009）. Tsunesaburo Makiguchi: Introduction to the Man, His Ideas, and the Special Issue. *Educational Studies,* 45(2), pp.115-132. doi:10.1080/00131940902762144; Holquist, Mchael.（2002）Dialogism: Bakhtin and his world（2nd.ed.）. Routledge; 犬飼希望（2021）「Ikeda/Soka Studies in Education: 英語圏の文献レビュー」『創価教育』（14），pp.39-51.（利田律子訳）

(16)中山雅司（2019）「『世界人権宣言』70年—池田・アタイデ対談を読む—」『創価教育』（12），pp.17-52.

(17)富岡比呂子（2010）「池田大作の教育思想——女子教育の観点から（2）創価女子学園卒業生へのインタビューを通して」『創価教育』（3），pp.15-42.; 富岡比呂子（2011）「池田大作の教育思想——女子教育の観点から（3）教職員から見た草創期の創価女子学園とは」『創価教育』（4），pp.170-189.；富岡比呂子（2013）「池田大作の教育思想：女子教育の観点から（5）草創期の創価女子学園卒業生

にみる女性の生き方と幸福観」『創価教育』（6），pp.115-136.

(18)山内俊久 & 加藤康紀（2021）「インクルーシブ教育の理念と特別支援教育（3）～知的障害教育の学びの在り方・創価教育学からの考察～」『教育学論集』（73），pp.67-85.

(19)宗像武彦（2019）「学校の組織マネジメントの在り方の一考察―創価教育学をもとにした小・中の9年間を見通した実践から―」『通信教育部論集』（22），pp.131-155.

(20)寺林民子（2019）「〝地域を材にした授業実践〟その見直しと教育的意味―創価教育学の視点からの再解釈を通して―」『教育学論集』（71），pp.191-210.

(21)佐藤優（2020）『池田大作研究――世界宗教への道を追う』朝日新聞出版

(22)中国での研究動向の報告は 2005 年より毎年「創価教育（研究）」に掲載されている。海外でのシンポジウムやセミナーの実践が進んでいる。高橋（2020）は第 13 回「池田大作平和思想研究国際フォーラム」、「廖承志・池田大作思想学術シンポジウム」の実施、5つの池田大作研究所が新設されたことを報告している。2021 年9月時点で池田大作研究所は 44 になる（汪鴻祥、2021）。

(23)UNESCO（2017）「持続可能な開発のための教育――学習目標」（日本語版）、UNESCO（p7）

(24)Adams（2006, p2）の図をもとに筆者作成。

(25)佐藤真久、田代直幸、蟹江憲史（2017）『SDGs と環境教育― 地球資源制約の視座と持続可能な開発目標のための学び』学文社，; UNESCO（2019）What is Education for Sustainable Development? https://en.unesco.org/themes/ education-sustainable-development/ what-is-esd（final access on 28th Sep. 2021）

(26)今田晃一（2008）「ESD のカリキュラム開発の視点――環境教育の概念と国際的展開（特集 環境教育―― 「持続可能な開発のための教育（ESD）の 10 年」導入以降の変化と実践）」『教育研究所紀要』（17），pp. 9-18.

(27)阿部治（2009）「「持続可能な開発のための教育」（ESD）の現状と課題」『環境教育』19（2），pp.21-30.

(28)アジェンダ 21 の 36 章（教育・研修・意識啓発に関する項目）では次の4つの包括的目標が定められている（UNESCO2009、国立教育政策研究所国際研究・協力部翻訳 2010, p.6）。1）教育の質の改善：生活の質を向上させるため、市民に必要とされる知識、技能、価値観の獲得に生涯教育の焦点を合わせ直すこと、2）カリキュラムの再編成：就学前から大学までの教育を再考し、持続可能な世界を創り出すために必要な知識、思考様式及び価値観の伝達手段になる改革、3）持続可能な開発という概念に対する意識向上：地方、国、国際的レベルにおいて、啓発的で積極的

な、責任能力のある市民意識の養成を可能とすること、4）従業員の研修：事業者及び従業員に対する、特に貿易及び産業分野における継続的な技術教育・職業教育は、持続可能な生産及び消費の形態の採用を可能にするため、その充実を図る。

(29)阿部治「「持続可能な開発のための教育」（ESD）の現状と課題」, pp.22-24.；WCED（1987）「地球の未来を守るため（Our Common Future: ブルントラント委員会報告）」WCED（環境と開発に関する世界委員会）；石野沙織、石川誠（2020）「国際比較から見る日本のESDの展望」『教職キャリア高度化センター教育実践研究紀要』（2）, pp.131-140.

(30)本稿は地球市民性教育を「地球市民性を育む教育」、地球市民教育は「地球市民」のための教育と区別して使用する。

(31)小林亮（2019）「ユネスコの地球市民教育が追究する能力―グローバル時代における価値教育の新たな展望―」『玉川大学教育学部紀要』（18）, pp.19-32.

(32)小林亮（2015, p.24, p.31）をもとに筆者作成。

(33)UNESCO（2015）Global Citienship Education Topics and Learning Objectives, UNESCO

(34)前出、小林「ユネスコの地球市民教育が追究する能力―グローバル時代における価値教育の新たな展望―」, p.22.

(35)諸橋淳、小林亮（2019）p.72.

(36)小林亮（2018）「講演『FD特別勉強会』高等教育における地球市民教育（GCED）および持続可能な開発のための教育（ESD）の課題と可能性について」『学士課程教育機構研究誌』（7）, pp.47-73.

(37)前出、小林「ユネスコの地球市民教育が追究する能力―グローバル時代における価値教育の新たな展望―」, p.28, 31.

(38)池田大作（1999）『美しき獅子の魂――日本とブルガリア』（アクシニア・ジュロヴァとの対談集）、『池田大作全集』第109巻, pp.515- 522.

(39)池田大作（2002）「環境開発サミットへの提言「教育の力で持続可能な未来を」」（聖教新聞2002年8月26日付）、『池田大作全集』第101巻、pp.390-394.

(40)池田大作（2012）「牧口初代会長生誕141周年記念提言「持続可能な地球社会への大道」」（聖教新聞2012年6月5日付）

(41)2020年5月20日の創価新報に同講演内容が再掲された際に、講演時に使われた「地球市民」との日本語表記を著者の意向で「世界市民」とするとの注意書きがあった。先行研究を見る限り「Global Citizenship」の邦訳の表記を世界市民性、あるいは地球市民性とするかについて明確な記述はない。矢野（2017）は「「世界」市民はカントのコスモポリタニズムに由来する一方、「地球」市民は1980年以

降、グローバリゼーションや地球環境破壊を踏まえ人類以外の生態系も考慮した概念」だと説明する。

(42) 池田大作（1996）「コロンビア大学ティーチャーズ・カレッジでの講演 「地球市民」教育への一考察」（1996年6月13日）、『池田大作全集』第101巻、pp.416-430.

(43) 〝戦争〟の残酷さと無意味さを教え、社会に〝非暴力〟を根づかせていく「平和教育」、自然生態系の現状と、環境保全対策を学ぶ「環境教育」、貧困や地球的不公平さに目を向ける「開発教育」、人間の平等性と尊厳性を学ぶ「人権教育」である。さらに、国家権力に従属しない教育として、立法、行政、司法の「三権」から独立させて、「四権分立」の確立や「教育者サミット」の実現についても主張している。

(44) 山本修一（2010）「「持続可能性」と仏教――人間の生活の質と幸福度の視点から」『東洋学術研究』164（49-1）, pp.171-190.

(45) 山本修一（2013）「第3章 環境教育への視座――大乗仏教の知見から」東洋哲学研究所編『教育――人間の可能性を信じて 大乗仏教の挑戦8』, pp.85-111.

(46) 川田洋一（2008）「まえがき」東洋哲学研究所編『世界市民 池田大作――識者が語る 平和行動と哲学』第三文明社, pp.17-19.

【参考文献】

阿部治（2009）「「持続可能な開発のための教育」（ESD）の現状と課題」『環境教育』19（2）, pp.21-30.

汪鴻祥（2021）『「価値創造」の道 いま、中国で広がる「池田思想」研究』鳳書院

UNESCO（2009）Review of Contexts and Structures for Education for Sustainable Development, UNESCO（国立教育政策研究所国際研究・協力部翻訳（2010）「国連持続可能な開発のための教育の10年中間年レビュー――ESDの文脈と構造―」）

小林亮（2015）「ユネスコスクールの将来展望と課題―ユネスコの価値教育との関連性―」『論叢：玉川大学教育学部紀要』, pp.19-33.

高橋強 & 堀口真吾（2020）「中国における『池田思想』研究の動向（16）」『創価教育』13.pp.151-157.

諸橋淳、小林亮（2019）「第3章 地球市民教育（GCED）」、北村友人・佐藤真久・佐藤学編、『SDGs時代の教育――すべての人に質の高い学びの機会を』学文社, pp.51-78.

矢野智司（2017）「世界市民・地球市民・宇宙市民」E.FORUM 2017 全国スクール
　　リーダー育成研修、https://ocw.kyoto-u.ac.jp/course/476/?video_id=4459（最
　　終アクセス、2021 年9月 28 日）

Adams, William.Mark.（2006）The Future of Sustainability: Re-thinking Environment
　　and Development in the Twenty-first Century. Report of the IUCN Renowned Thinkers
　　Meeting, pp.29-31.

「教育のための社会」づくりを開く社会教育を目指して

―東京都板橋区の「話しあい学習」を柱にした社会教育実践―

創価大学非常勤講師
的 野 信 一

● はじめに ●

　筆者にとって、創価大学創立者である池田大作先生の思想をどう現実の社会に活かしていくかは、創価大学在学時から現在に至るまでの重要なテーマである。創価大学自体は、必ずしも池田思想を学ばなくても卒業できるが、関係者の多くは筆者のように自身の自発的な学問として、その思想の核心に迫り、実現の方途を模索していると思う。創価大学の教員であった三井為友もそのような一人であった。

　本稿で紹介する各実践の基盤には、創立者の教育思想とその実現に向けたと思われる三井の教育哲学がある。三井は筆者の在学時に筆者の本来のゼミ教員の木全力夫（後の教育学部長）が研究留学で不在になった１年間、創価大学教育学部長を務めながら、ゼミ指導をしてくださった。ちなみに、三井は木全の東京都立大学大学院在籍時の指導教授でもあり、木全と共に創価大学の草創期の社会教育研究・教育の基盤を創った方でもある。

1. 創価大学における創立者の教育理念の追究と社会教育

　さて、三井の教育哲学の中で、筆者が創立者の教育理念を実現する鍵に

なるものとして大事にしてきたテーゼに、「教育権とは、『教育を受ける権利』であると同時に、また『教育をする権利』でなければならない[1]」というものがある。筆者は、このような教育権の捉え方により、全ての人が学ぶことによって他者に教えることができる人間になるという教育が成立し、それが「教育のための社会」を目指す基盤になると考え、この理念を実現するための実践を追究してきた。

　なお、筆者がこのように実践を追究しようとしてきたのは、創立者の2000年の「教育提言[2]」で、「四権分立」や「教育のための社会」の理念の前提として、「教育は、人間生命の目的である」とし、「人間は〝個〟であると同時に〝人倫〟（人と人との秩序関係）であること、〝個〟が真の〝個〟たらんとする、つまり『人格の完成』を目指すための場は〝人倫〟の中にしかありえない」と強調されていることを重視したからである。

　以下、創立者の提唱した「四権分立」や「教育のための社会」をもう少し丁寧に確認し、それによって追究しようとしている教育原理の内実を確認した上で、この考えの適否を検証したい。

　まず、「四権分立」の提唱は、大学紛争の時代状況が背景にあった。創立者はそうした状況における学生に共感を示し、一方的な政治権力の介入によって学生の思いを封じ込め、大学再建を図ろうとする動きへの批判の文脈で、提唱をされたと捉えられる[3]。この点を踏まえれば、三権分立に加える教育権によって確立したいのは、全ての人が教育の美名の下に他者を抑圧するのではなく、「学ぶことによって他者に教えることができる人間」になって、民衆がお互いから学びあってお互いの尊厳を確立するということになろう[4]。それは、三井の教育テーゼを基にした教育の妥当性を裏付けているものである。

　一方、「教育のための社会」とは、一般的な「社会のための教育」における社会の側からの様々な要請より教育を優先させるべきとの主張と捉えられる。その主張が民主社会で受け入れられるための条件は、教育によって社会をつくっていくことが、既存の社会を維持・発展させるための様々な要

請に応えていくよりも民衆を幸せにするものだということである。

　このことに関わることとして、創立者は、しばしば「人間のため、とりわけ弱い立場の人間を守るための教育・大学を！（趣旨）」と語られてきた[5]。その言を踏まえ、筆者は、デューイも述べているように[6]、教育全体のありように敷衍（ふえん）し、教育を弱い立場の人間に寄り添う本当の民主社会の原理そのものにすることを追究するようになった。その教育は、弱い立場の人間の尊厳を守ること自体を喜びとできる人間を形成し、そのような人たち自身が自らの可能性を開くべく連帯して社会をつくっていく営みということになる（デューイはそのような人を「公衆」と言っている[7]）。そのような営みを、三井が提起した「『教育を受ける権利』であると同時に、『教育をする権利』」を保障することであり、それは「全ての人が学ぶことによって他者に教えることができる人間になる」という意味の教育の主体として「教育の目的を全ての人を教育者にしていくこと」と捉え、追究するようになったのである。

　筆者は、創立者の教育理念をこのように整理し、それが「本当の民主社会」実現を追究した戦後の社会教育に重なるものだと捉えた。そして、その実現のためには、全ての人が自発的にこのような教育を実現しようとしていけるようにすることが必要だと考え、その具体的な方途を三井の提起した社会教育実践に学び、追究するようになった。

　三井は、そのような教育として、社会教育学の中で重要な理念とされている「話しあい学習」を提起し、自ら実践の端緒を拓いた[8]。

　「話しあい学習」とは、1955（昭和30）年に文部省の委嘱により実施された「実験社会教育学級」の一つ、静岡県稲取町（現在の東伊豆町稲取）での婦人学級で初めて使われた教育実践である。文部省（当時）の依頼で計画・指導に当たっていた三井が、稲取婦人学級の閉講式のときに、従来の学校教育型の「承（うけたまわ）り学習」に対するものとして、婦人たちが取り組んだその教育実践を「話しあい学習」と呼んだのが始まりである。それは相互学習により学習者がカリキュラム作成にまで携（たずさ）われる主体となり、それを新た

な人へと広げていくことを目指すものであった。

　筆者は、その実践に学び、自身も社会教育から「話しあい学習」の実践をはじめ、それを教育全体の原理に発展させていこうと、以下に紹介する実践に取り組んできたのである。

2. 板橋区における住民参画で創る社会教育事業

　筆者は、東京都板橋区の社会教育専門職として、区立社会教育会館（現在の区立生涯学習センターの前身。以下、当時の名称にこだわらず「生涯学習センター」と表記する）等で長年勤務する中で、学習者自身による教育的な働きかけを保障し、学習者を教育の主体にする「話しあい学習」を柱にし、様々なかたちでの社会教育実践の創造に努めてきた。

　かつては全国の地方公共団体で、「住民主体の社会教育」を理念とした事業が実施されていたが、現在は社会教育の専門職を置かないところも多く、施設の管理・運営も委託しているところが少なくない。そうした中、板橋区は、社会教育の理念を守り、発展させる志向を保ち続けていると自負している。

　なお、本稿では、以下、住民、市民、区民の用語を使用していくが、各用語の以下のような意味を踏まえてのものであることを説明しておく。

　まず、わが国の法制度上では、「国民」（日本国籍を有する者＝国籍法）の法規定に対し、地方公共団体の地域内に住所を有する者を指す「住民」（通俗的にいえば、住民登録を済ませた者。したがって、外国籍の人も含まれる。地方自治法第10条）があり、社会教育（行政）においては、市町村主義の原則に立ってということからだけではなく、意図的に、国民ではなく住民と表記することが多くある。例えば、川崎市の「ふれあい館」のような在日韓国人の居場所づくり等の実践においては、このことを意識して行政として支援する取り組みの根拠としてきた。

　また、「住民」ではなく「区民」としている場合もあるが、それは板橋区

の基準等に規定された文言による。

　以上を踏まえた上で、「住民」という表現を超え「市民」と表現する場合は、「公共性を創る主体として、社会を創っていく存在」ということ、そして、そのような存在と取り組みが、単なる政治制度を超えた「真の民主社会を創る主体」という意味を込めている。

　ちなみに、創立者は、しばしば「世界市民」という表現を使われるが、それは〝自他共の幸福を実現するという「公共性」によって世界を創っていく主体〟という意味だと捉え、筆者はその実現をめざし、実践に取り組んでいるのである。

　さて、板橋区の社会教育事業の住民参画は、以下のとおりである。

ア　集会事業

　＊参加を希望する全団体で実行委員会を結成して事業を企画・運営する。

　＊事業開催に向けての団体間の協力をとおして、団体の相互交流の機会となること及び事業に来られた方に対する新たな学習活動のきっかけの提供が目的である。

イ　区民参画講座

　＊区民の自発的な相互学習活動のきっかけづくりを目的に、区民参画で実施する講座系の事業である。

　＊団体会員や住民有志の主体的な講座運営や指導への積極的な協力を得て、会員主体の団体活動を促進しながら、講座終了後、受講者の団体への入会や新団体の結成を促すことを目指す。

①「サークル公開教室」

　　団体（当館の主に趣味系の利用団体）が、あまり経験のない区民を対象に、日頃の活動の成果を活かした「団体での学習活動のきっ

かけになる工夫をした企画・運営」で事業を実施する。

〈生涯学習センターは講師謝礼を支払わない〉

② 「企画運営会議型講座」

生涯学習センターが講座のテーマを決め、企画・運営に携わること
を希望される方を公募し、集ったメンバーで会議を重ねて企画・運
営をする。講座のテーマは広く意見を受け付けて検討し、決定する。

〈講師謝礼は生涯学習センターが支払う〉

③ NPO等との共催事業

年間計画で共催する中間支援を担うNPO等を決定し、NPOが
支援する多様な団体からのもち込み企画を調整し、事業ごとに企画
の詳細や役割分担を調整する話しあいを経て、団体と広く区民の
主体的学習の振興・促進を支援することを目的に実施する。

〈講師謝礼は、原則生涯学習センターが支払う〉

今回紹介する事業は、この中の②③と、それを基盤にした学校への学び
の展開及びその経緯に学びたい他国の若者等のリーダーや教育関係職員の
研修等への協力等の取り組みである。

地方公共団体ごとに多少の違いはあるが、住民参画の事業により、住民
の自発的・主体的な社会教育活動を振興・促進しようとすることが、本来の
社会教育行政における事業のありようである。

ちなみに、板橋区において、このように社会教育事業を整理したのにはきっ
かけがあった。1998（平成10）年に、区が講座等は原則有料にするとの
方針を打ち出したことに対して、筆者ら社会教育主事は、「生涯学習センター
の事業は、全て区民の主体的な相互学習による公共性をもつものだ」と主
張し、抵抗したのである。区は、それに対し明確な事業のかたちを示せと要
請した。この要請に応じ、筆者らは「講座等の有料の根拠は、受益者負担
だが、生涯学習センターの講座等は、受講者だけが利益を得るのではなく、

広く学習者の周りにも利益を広げていく学習だ」と、上記の事業のしくみを整理して示した。これが、社会教育事業の無料原則（材料費等の徴収を除く）として現在も続いている。

　こうして現在も、生涯学習センターの講座等の事業では、学習者個人の興味だけに止まらず、まず一緒に学習している仲間と興味を共有し、さらに共に学習をしている仲間の周りにも学習の輪を広げるという学習の「公共性」の大切さを区民と共有しながら、事業の企画・運営を行っている。

　ちなみに、このような講座等の事業を担うのは、公民館等の社会教育施設・機関及び社会教育関係団体とするのも元々の社会教育の原則である。そして、その原則を達成するためには社会教育機関に、そのような学習・教育を支援する専門的職員が必要になる。そのような意味から、社会教育機関に社会教育主事を設置し続けているということは、板橋区の社会教育行政の貴重な特長となっているといえるのである。

3. 障がい者 O さんが社会を動かし「教育者」となった事例（事例1）

　板橋区では、市民による社会福祉活動が盛んであり、それらの活動の多くは、障がい者を支援するだけでなく、障がい者などの当事者とそれを支援する人たちが共に学びあっていくという社会教育活動の形で行われている。こうした活動は、福祉行政の改善につながるだけでなく、参加者の活動自体の充実感を伴うものとなっている。

　ここでは、そのような社会教育活動をされたOさん（故人）の事例を紹介する。Oさんは、脳性小児麻痺により、食事、排泄、入浴等が自分だけではできない重い障がいをもっていた。

　今から40年ほど前（1980年代前半）、Oさんは「自立したい」という強い意志をもち、友人のKさんに相談した。Kさんはアパートの大家さんと知り合いの大工さんの協力をとりつけ、Oさんが住みやすい住居に改築した。そ

して、Oさんは親元から離れた一人暮らしを実現することができた。その後Oさんは、NPO法人で他の障がい者の自立を支援する活動を仕事としながら、健常者と交流を深め、自分を支援してくれる方を確保した。最初は、福祉分野の学生が恐る恐る来てくれたが、Oさんに何でも話を受け止めてもらえることに心地よさを感じて何度も来る学生が出てきて、それが口コミで広がり、やがて支援希望者が多すぎて待機してもらうまでになった。

また、Oさんは、社会のバリアフリー実現のため行政や公共交通機関に働きかける活動を積み重ね、社会変革を実現した。

Oさんはある日、JRの電車に乗ろうとしたが、電動車いすが大きすぎて危険ということで、乗車を拒否された。これに抗議する運動を1人ではじめ、最終的には国の制度を変えたのである。

この乗車拒否を受けたとき、Oさんは大変な思いをして目的地まで行き、「公共交通機関のあり方として、自分のような移動が不自由な人が使えないというのはおかしい。他の人に僕と同じ思いをさせないためには、おかしいと思った自分がやるしかない」と考えた。

そして、Oさんは、JRを所管している国土交通省に通い出した。しかし、国土交通省の職員は、脳性麻痺で重い言語障がいがあるOさんの言葉が全くわからなかった。しかし、Oさんが時には頭に数cmの雪を積もらせても、風雨で体中がびしょ濡れになっても玄関に来るため、職員は次第に時間をかけ、何回も話を聞くようになった。

その後、省内で検討が始まり、交通問題行動委員会という、このような公共交通の問題を取り上げて改善を検討する組織が新たに結成された。そして、そこでOさん自身も委員になり、踏切やホーム等で車いす利用者や視覚障がい者が困る問題を提起した。その後、実態調査が行われ、改善の必要性が認識されて、後のバリアフリー法やハートビル法の制定につながっていったのである。

さらに、この事例は、「板橋福祉のまちをつくろう会」という障がい者のバ

リアフリーのまちづくりへの参画運動の盛り上がりにもつながっていった。

　筆者は、Oさんのこのような実践は、一人暮らしを支援した学生たちや国土交通省の職員たちに対して「教育をした」といえるものだと考えるのである。

4. Oさんと支援者Kさんたちが学校の授業に関わった事例（事例2）

　先の事例でOさんの一人暮らしを支援したKさんという方は、1981（昭和56）年の国際障害者年に「板橋区ともに生きる福祉連絡会」を立ち上げた中心者である。この会は長年、市民による福祉を推進する運動を行ってきた。「共に生きる」という理念を柱に、障がい者を中心に高齢者や難病をもつ方たちの課題を調査し、それに対応した事業や通所施設・グループホームを数多く設立・運営し、行政に様々な提言もしてこられた。また、ボランティア団体をつなげていくことに資する「ふれあい祭」を創設し、これは現在も続いている。

　また、この団体は、「ボランティア・市民活動フォーラム」の生涯学習センターとの共催を端緒として、ESD（持続可能な開発のための教育）、SDGs（持続可能な開発目標）を実際生活に即した多様な区民の生き方に関わる相互学習として深めあう事業を共催で実施してきた。

　ちなみに、これらの事業は、2001年の学校教育における「総合的な学習の時間」の導入をきっかけに、学校教育、またボランティア・市民活動の学習面への支援に特化した活動を行うために立ち上げられたNPO「ボランティア・市民活動学習推進センターいたばし」との共催に切り替えられ、現在まで実施し続けている。

　なお、この団体は、「板橋区ともに生きる福祉連絡会」の立ち上げ直後から、板橋区民が「共に支えあい、生きていくこと」を体得していくきっかけを提供する事業として、この団体の企画・運営による「中学生ボランティア講習会」の実施を区に提案して開始していた。これが、後に「総合的な学習の時間」

への参画につながった。

　この「中学生ボランティア講習会」は、当初の障がい（福祉）のボランティア学習に、環境や国際理解も加えていく広がりをもって実施されていったのだが、その実績により、教育委員会所管の社会教育機関として生涯学習センターが申請した都の「総合的な学習の時間」の展開モデル事業に採択された。そうして、区内全体の小中学校の「総合的な学習の時間」の授業に参画し、展開していったのである。そうした中で、〇さんも上記のような経験を活かし、学校の「総合的な学習の時間」などで講師を務めるようになった。

　また、このように障がい者が講師として「総合的な学習の時間」に入っていくようになった際には、「中学生ボランティア講習会」の内容をそのまま移行するのではなく、学校教育に合わせ進めていった。具体的には、毎月1回の「総合的な学習の時間研究プロジェクト」を生涯学習センターと共催で実施し、「総合的な学習の時間」の本質的なねらいと実践上で大切にすべきことを、実践の事実を共有して検討し、深められるようにした。

　この事業には「総合的な学習の時間」に関心がある首都圏の大学生・大学院生、小中高の教員、教育研究者、実践に関わるボランティアや障がい者・外国人等の当事者といった多様なメンバーが集い、話しあいを行った。そしてメンバーは、その記録を作成し、活用し、さらに実践を深くふりかえるという学びあいの深化を重ねていった。こうした実践と研究の往復作業を基盤に「総合的な学習の時間」へ参画した中で、次のような実践事例も生まれた。

　板橋区内の中学校教員Tさんは、〇さんを招いた授業で、生徒が〇さんの乗る車いすに「001号」というシールが貼られているのを見つけ、それを質問したことに対し、〇さんが一生懸命答えているのを他の子も一生懸命に聞いている様子を見た。

　〇さんは、このシールが、審査機関が車いす利用の障がい者の必要性を確認して通し番号を入れて発行するものであること、また、自分は国土交通

省に関わった取り組み（上記3の事例1）により、その第一号になったことを話した。

　Tさんは、その場面を見て、これこそ出会いをつくっている場面であり、「出会いが問題を自分ごとにする」のではないかと考え、この話を授業で取り上げることを提案された。そして子どもたちと一緒に教材にまとめていったのである。

　このことをきっかけに、Oさんの社会変革の事例は、板橋区の小中学校の「総合的な学習の時間」で、たびたび取り上げられることになった。

　なお、筆者はこのことを「シティズンシップ教育」の一例とも捉えている。ここでいう「シティズンシップ教育」とは「市民として社会参加できるようにする教育」を超えた「自他共の幸福を実現する公共性を創っていく主体になる学び」である。その学びが学習者に肉化されるためには、課題を自分ごととして考えられることが肝心であり、学習者自身が参画して教材化を行ったことで、自分ごととして学ぶことが促されたと見るのである。

　その後、この取り組みは、東京都教育庁が2007（平成19）年度から都立高校の必修科目にした「奉仕」の授業でも実施された。「奉仕」を導入した当時は、「奉仕」が滅私奉公を強いるものであり、教育への政治の介入だとの批判の声が多々あった。そうした中で、このような実践の仕方で、押しつけの学習という問題を乗り越えていくものとして、広がっていったのである。

　また、次の5の事例3で紹介する実践を基に、「総合的な学習の時間」のテーマに「福祉のまちづくり」を据え、追究する授業も実践された。その際、中高生たちは、ある意味で、障がい者同士以上に、障がいの違いによって障がい者間の利害がぶつかりあうという矛盾に突き当たって悩み、苦しみ、全身全霊をかけ、その解決を探究していった。筆者は、このような取り組み

が異質な集団から公共を創る市民性を獲得する学びであり、人間としての学びの深まりと捉えた。

　その他、現実に困っている人に出会い、問題に突き当たって本気で課題に取り組むようになることで、障がいを助ける道具を発明したり、区役所の福祉部局に解決を訴えに行くことを決めたクラスが出たりするなど、社会の主人公になる学びになる場面が現出していった。

　なお、こうした中高生たちの本気の学びは、同時に障がい者たちに勇気を与えるものにもなっていった。そして、中高生たちに講師として向き合う障がい者たちは、実践記録や中高生たちから寄せられた感想や手紙を基に、中高生たちにとって価値ある学びにしていくために必要な自分たちの取り組みの方法や姿勢の検討を重ね続けていった。筆者は、そうした学習会の助言者をたびたび務めてきたが、その学習会の中で、病気による中途失明者の方が中高生たちとの出会いや彼らの真剣な姿に感銘を受け、「失明して良かったこともあったなと、本当に思うようになったんですよね」と語られる場面にも出会った。このような学びあいが中高生たちはもちろんのこと、働きかける側の障がい当事者にも、まさに「生きる力」を育むものになっていったと見られたのである。

5. 障がい者同士が利害の違いに気づき、
その矛盾を超える「公共性」を創造した学びあいの事例（事例3）

　上記の活動は他の障がい者やそれを支援する方たちに広がり、先述の「板橋福祉のまちをつくろう会」の結成につながった。

　この会は、区内の公園、店、道路、鉄道等の公共的空間などを対象に、利用の障害になるものを実地に調査し、解決策について多様なメンバーで討議を行うとともに、関係機関にバリアフリー化を提案し、多くの障がい者へ情報提供のための地図やガイドブックの作成・頒布等を行っている。

こうした活動を進めていくと、障がい当事者自身が、障害によって求めるものが違ってくることにしばしば突き当たった。例えば、ある車いす利用者は道路の点字ブロックは車いす利用の際のバリアだと主張したが、視覚障がい者は点字ブロックが移動の際の命綱だと反論した。そして、この矛盾について対話を重ねる中で、両者がともにバリアにならない点字ブロックの設置の仕方を考えて提案するような取り組みをつくっていったのである。

　このように、立場による対立を超えるための調査活動や討議を重ねていく中で、この会は「ボランティア・市民活動学習推進センターいたばし」を通じて生涯学習センターと共催しての事業にも関わるようになっていった。そして、そのように公的機関と共催してボランティアフォーラム等の事業を実施することで、今まで参加しなかった新たな参加者層にも参加してもらえるようになっていった。こうして障がい当事者以外の様々な住民との出会いが拡充して、①さらに立場が違う人の参加が拡充され、②それによって矛盾が拡大し、それを乗り越える学びあいが深まるという「学びの循環」ができていった。

　この事例の展開は、先述した「話しあい学習」のねらいそのものであった。

　そして、こうした参加者の広がりや学習の深まりは、公的機関が大きな役割を果たしたからこそ実現した。その上で、生涯学習センターは社会教育機関として、事業の実施に安心感をもたらしただけでなく、会議記録を作成し、それを基に問題を探究し、矛盾点を明確化し、対立を超えてより良いものを共に考えていけるよう働き掛けるなど、合意形成を可能にする環境醸成に努め、教育的配慮を行ったのである。

　なお、板橋区でこうした教育的配慮ができたのは、社会教育の専門的職員である社会教育主事が社会教育事業支援に直接的に関わったからであろう。

　全国の自治体の一般行政の中に生涯学習を取り入れ、地域づくりの中での施策の推進を図ることが多くなってきているが、こうした取り組みは、「社会教育の固有」の価値を示しているとも捉えられる。すなわち、単にまちの

バリアフリー化を進めるということにとどまらず、参加した市民がお互いに励ましあい、支えあい、「共に生きていこう」と考え、動き、人間関係を深めながら地域づくりの活動へと展開していったことに教育的価値があるのである。

6. 障がい者の様々な活動を鑑にした生き方追究の学びあいの事例（事例4）

筆者は、2004（平成16）年度、生涯学習センターの「企画運営会議型講座」である「働くってなに?」という講座に、Oさんを講師として招いた。ちなみに、この講座は、2000（平成12）年度〜2009（平成21）年度の10年間、サブタイトルを変えながら各年度の講座参加者等を新たな企画運営会議のメンバーに迎えることを重ねながら実施した事業である。

この講座を企画する会議の中には、家庭生活と働くこととの両立やつれあいとの関係に悩む女性、自己実現と働くことの折り合いで葛藤している男性、これから社会に出て働くことへの期待と不安をもつ青年といった多様なメンバーがいた。話しあいの中で、共通する大きな課題として「自立」が提起され、その捉え直しが大きなテーマとなった。そして、このことについて話してもらうのに相応しい人としてOさんを招くことが合意されたのである。

Oさんは、この講座の講師として、次のようなことを話された。

「あるとき、友達に『障がいがあるからといって負けちゃダメだ』と言われたことがあり、そこからいろいろと自分なりに『どうすれば障がいに負けないようになれるのか』を考えるようになりました。そうした中で、僕は『人は誰でも、自分でできることとできないことがあって、自分ができないことは他人に手伝ってもらうし、逆に自分にできることで他人にできないことは手伝ってあげるものだ』と考えるようになったのです。そして、そうであるなら『障がいは個性』に違いないと考えるようになったのです。

個性があるから人間にはできることとできないことがあるし、それは良いこ

ととと思うのです。そういう意味からいえば、障がい者にとっての障がいも個性でよいのではないかと思うのです」

このことは、受講者に対し、何でも自分一人でやることが「自立」だという一般的な考え方の問い直しを強く促した。ちなみに、企画運営会議のメンバーは、事前の講座の企画会議の中で、「自立」を「依存の分化」と捉える発達心理学の知見を確認し、各人がその意味等を検討したのだが、Oさんの話から改めての問い直しが促された（メンバーたち自身がふりかえり、メモに記していた）。

さらにOさんは、こう話を続けた。

「最近は、バリアフリーという言葉が多く使われるようになりましたが、板橋区でも、『バリアフリー推進協議会』が設置され、バリアフリーを進めていこうとしています。僕は、そこに委員として出席しています。それは僕が思っていることを話すことで、板橋やひいては日本全体にも影響を与えられるのではないかと思っているからです。そして、そのことによって、今は障がい者にとって、板橋区はかなり住みやすいまちになってきていると思うのですけれど、まだ住みにくいことを改善することにつなげていけるのではないかと考えているのです」

そして、Oさんのこのような発言は、受講者たちに、自分が不利な立場にあると不満に思っていたり、悲観していたりする問題が、逆に生かしていける価値をもつものにもなるのではないかという捉え直しを促した。また、皆がそのように捉え、励ましあっていけるようになっていくことが大切であり、そうしていくための方策を追究しようという雰囲気が形成された。そして、この講座では、ここから「本当の自立」を追究する学びあいが深まっていったのである。

なお、そのような雰囲気が形成されたのには、Oさんが、バリアフリーを推進する活動を始めるきっかけをつくったKさんという区民の存在の大きさを併せて語ったことも大きかったと思われる。なぜなら、受講者は、KさんがO

さんに示した「共に生きる社会」という理念が、具体的な生活のレベルで
活動を展開する中で、学びあい、追究されてきたものであることが分かった
からである。そして、その気づきによって、様々な立場の受講者が、自分の
周りにいる人の存在の大事さに気づき、そうした方たちを尊重しあって学びあ
い、追究していこうという気運をつくり上げたのであろう。

　ちなみに、筆者自身は、Ｏさんの話がこうした力をもった要因は先述した現
実の経験に基づいていることによるものだと感じている。

7. 板橋区の取り組みの世界的・普遍的な広がり

　ここまで紹介した事例は、他国の若者や教育関係職員の研修等の材料と
なり、世界的な広がりをもつにいたっている。ここでは、その紹介とともに、
これらの取り組みの普遍性を検討する。

　紹介したほとんどの事業に関わった NPO「ボランティア・市民活動学習
推進センターいたばし」は、その実践を基に様々な ESD の研究会にも参画
し、実践と学習の質の向上と運動の広がりを求め、他の実践者たちの参考
になるよう、自分たちの実践を紹介していった。そうした研究会には様々な若
手の研究者たちも参画しており、そうした若手研究者たちや他の地方公共団
体で同様に活動する方たちに広く知られるようになっていった。特に、公益
財団法人ユネスコ・アジア文化センター（ACCU）等には、アジア地域を中
心とした Community Learning Center（以下、CLC と略す）運動の先
進例として国際的に注目される価値あるものと評価されるようになった。

　そして、2014（平成 26）年 10 月 9 日～ 12 日に岡山で開催された大会
「ESD 推進のための公民館― CLC 国際会議～地域で学び、共につくる持
続可能な社会」では、日本を代表する CLC 実践として、長野県飯田市とと
もに板橋区の実践を報告するまでになった（10 月 9 日の事例発表において）。

　ちなみに、CLC とは、識字教育・職業訓練や住民主体の学習を行う、

地域づくり・ネットワークの拠点という意味をもつ機関である。板橋区の事例は、CLC が住民にとって価値あるものとして機能するために、アジアの様々な地域でも共通する「住民自身の自発的な学びを通した地域づくり」を「多様な人々をつなげながら、どう深め、広げるか」という点で大いに参考になるので、事例を報告してほしいといったことが依頼の主旨であった。

　そして、その後、ACCU は、2014（平成 26）年度から 4 年間にわたって南・東南アジア地域を中心にした「若者主体の持続可能なコミュニティ開発プロジェクト」を展開した。このプロジェクトは、農村部に暮らす 18 〜 35 歳の若者を対象としたノンフォーマルな学びの支援を軸として、地域課題の洗い出し、解決へ向けた具体的な行動計画の作成など、持続可能なコミュニティ創造の担い手の育成を目指すものであった。生涯学習センターは、そのねらいのために、具体的な課題の洗い出し方や課題に向けた具体的な行動の仕方等の事例を考えていく参考になるよう、プロジェクトの求めに応じ、市民活動に携わる方たちや団体の紹介等をコーディネートする協力を行った。

　また、ACCU が、2018（平成 30）年度に南・東南アジアの若者だけでなく、新たに日本国内の実践者を募り、国境を超えた学びあいを深める場として「ユースフォーラム」へと事業を展開した際には、国連から提起されたSDGs にかかわる先進的な地域である自治体として、ボランティアセンターや各団体拠点等とともに、市民の学びを支援してきた立場で生涯学習センターを会場として提供した。同時に、国外（インド、パキスタン、バングラデシュ、フィリピンの若者活動家とファシリテーター 13 人）・国内（公募により選出された若者 8 人＝ 4 団体各 2 人）の若者と、板橋区で活動をする若者及びシニア世代（公募で参加した 40 人の一般区民）との学びあいと交流の場を設けるという協力を行った〈11 月 10 日（土）〜 11 日（日）〉。

　さらに、その翌年度の 2019（令和元）年度にも、イスラーム神学校と一般校の両方の教員（バングラデシュ、インドネシア、パキスタンの校長やリーダーも含めた 12 人）を対象に、SDGs の目標 4.7「2030 年までに、持続可

能な開発のための教育及び持続可能なライフスタイル、人権、男女の平等、平和及び非暴力的文化の推進、グローバル・シチズンシップ、文化多様性と文化の持続可能な開発への貢献の理解の教育を通して、全ての学習者が、持続可能な開発を促進するために必要な知識及び技能を習得できるようにする」（外務省仮訳）の達成を目指し、①コミュニティスクールや学校支援本部の活動の見学・紹介と、②児童・生徒たち及びその保護者や生活する地域の生活課題にどうアプローチしうるかを考えるための素材としてのNPO等との交流を2本柱とした事業に対し、同様に会場提供を含むコーディネートの協力を行った〈事業は7月10日（水）〜14日（日）の5日間にわたるもので、板橋区は①②に関わる会議や活動の見学や交流に協力した。なお、板橋区以外では、他区や市の中学校・高校の人権に関わる教育実践の視察や意見交換、東京国際交流館での各国の留学生との交流を含むレセプションやアクションプラン作成等を行った〉。

　現在、こうした取り組みはコロナ禍の影響で中断しているが、ACCUが、板橋区の社会教育機関である生涯学習センターに、このような事業協力を依頼してくるのには、それだけの価値が板橋区の実践に見出されているからであろう。

　つまり、ACCUをはじめCLC運動の推進者の中には、深刻な地域課題解決自体への期待が当然ある。だが、世界的な（少なくとも南・東南アジアの）CLCへの期待の中には、ある意味でそれ以上に、学習者側にも教育者側にも、「住民自身の自発的な学びを通した地域づくり」と「多様な人々をつなげながら、どう深め、広げるか」という点が極めて大事であるとの教育的価値についての認識があると考えられるのである。

8. おわりに──市民が「公共性」を創造する教育の追究

　筆者は、これまで紹介した、社会教育の「話しあい学習」を基軸とした

実践は、「民主社会における市民としての主体性を培う可能性」があるものと考えている。それは、板橋区の取り組みが「社会教育の固有」の、ひいては「教育の固有」の価値あるものとして世界的にも注目され、求められている事実を見れば明らかであろう。

　このことは、これからの社会教育・生涯学習のありようを検討している現在の中央教育審議会第11期生涯学習分科会の課題意識である「地域教育(10)」が、一人ひとりを尊重しあう「公共性」をどう形成するものにできるか、という教育の根本的課題に直接的につながるものとも捉えられるだろう。

　最後に、筆者なりに整理した、「公共性を創造する教育」における確認しておきたい重要事項は、次の3点である。

① 「公共性」につながる「市民の実際生活に根ざし、教育が目指す社会に向けた教育実践」とは、自らのありよう、生き方を問い直す点にある。それが社会の求める「公共性」に規定されず、自らの「個の追究」から「公共性」を創造するための条件になる。

②そのような、いわば地に足がついた実感を基にした「公共性」は、社会の側からの他律的な「公共性」では生み出しえない内発的な自信と意欲を生み出す可能性を高めると考えられる。このことにより、社会を主体者として担う人間教育が成り立つ。

③教育実践は「励ましあい」によって確立していくものだということである。このことは2点めを支えるものであり、また促すものだとも捉えられる。そして、この励ましあいは、その輪を広げていく性質があると見られる。そのことを裏付けるものとして、この励ましあいの輪の広がりの中で、様々な人が、市民発の「公共性」を提起し、創造している事実が確認できるのである。(11)

　筆者は、これら全ては人間生命の本然でありながら、現代社会で阻害さ

れがちになっており、だからこそ教育権を尊重するべきだと主張する根拠にな
るものだと考えている。この考えに対する読者のご批正を期待し、筆を擱く。

【注】

(1) 三井為友「教育の機会均等と社会教育」、日本社会教育学会編『社会教育と教育
権／日本の社会教育　第5集』、国土社、1960 年、29 ページ。

(2) 池田大作「「教育のための社会」目指して」（2000 年 9 月 29 日）、『池田大作全
集』第 101 巻、326 ページ。

(3) 池田大作「大学革命について」（月刊『潮』1969 年 7 月号所収、執筆は同年 5
月 13 日付）を参照。なお、この文章の内容と意義についての紹介と考察は、大﨑
素史「池田 SGI 会長による四権分立の提唱とその意義」（大﨑素史編著『四権分
立の研究─教育権の独立─』、第三文明社、2014 年、7 ～ 33 ページ）。

(4) 三井は「教育をすべて善とし、政治ないし行政をすべて悪とするという機械的な善
玉悪玉論が、正しい角度から批判されることによって、はじめて社会教育における『教
育実践』の問題が明らかになる」とも注 1 の 30 ページで述べている。

(5) このような発言として、以下が挙げられる。
「学問は特権階級の独占物ではない。大学は、大学に行けなかった人のためにある。」
（「世界の大学への道1　モスクワ大学」聖教新聞、2007 年）
「威張る人間をつくるのは大学の敗北である。大学は大学に行けなかった人に尽くす
指導者を育てるためにある」（「世界の大学への道5　グアダラハラ大学」聖教新聞、
2007 年）
「学歴至上主義は、人間を狂わせてしまう。『いい大学を出たから、私は偉い』。そ
うやって庶民を見下すような人間を生み出すだけならば、何のための教育か、わから
ない。大学は、大学に行けなかった人たちのためにある──私は、この信念でやっ
てきた。庶民に尽くす指導者を育てるのが、真実の大学なのである。」（2008 年 8
月 8 日、創大・学園合同研修会での創立者のスピーチ）

(6) 現在、創価大学において活発にデューイ研究が行われているが、筆者は、その意
味を本稿のような論脈によるものと考えている。
デューイの民主主義についての次の論述は、その一例と捉えられよう。「それを実
行することは、教育の問題である。というのは、一個人としてわれわれが何をのぞ
んでいるのか、われわれが何を必要とし何を悩んでいるのかをよく考えることの責任
を、民主主義社会の個々の成員としてのわれわれにそれは課しているからである。」

（デューイ『人間の問題』杉浦宏・田浦武雄編訳、明治図書出版、1976年、40ペー
ジ）

(7) 「本質的必要事は論争と討議と説得の方法と条件とを改善することである。それはまさに公衆の課題である。」（ジョン・デューイ『公衆とその諸問題―現代政治の基礎―』阿部齊訳、筑摩書房〈ちくま学芸文庫〉、2014年、255ページ）。

つまり、公共性を創るという意味での「本当の民主主義」は、社会をつくる対話ができる人の形成で実現するとの主張と捉えられる。筆者は、このように考え、「話しあい学習」を自らの社会教育実践の柱に据えたのである。

(8) 児玉周「『話しあい学習』の可能性―現代的な『市民的公共性』を創る基盤としての―」の「第2章『話しあい学習』」の「1、『話しあい学習』と『共同学習』」に、さらにこのことについての詳述がある。

(9) 1971（昭和46）年の社会教育審議会答申「急激な社会構造の変化に対処する社会教育のあり方について」と、それを受けての文部省社会教育局長が都道府県教育委員会教育長宛通知【5.15通知】（文社社第105号）によって、当時の文部省が都道府県教育委員会教育長に示した指針である。

その中に、以下のような役割分担が示されている。

ア　都道府県教育委員会

・都道府県教育委員会は、社会教育施設の設置およびその奨励ならびに社会教育指導者の研修に努め、直接に都道府県民を対象とする社会教育事業を行うことはできるかぎり抑制すること。

・従来、都道府県教育委員会が主催していた事業のうち、市町村および社会教育関係団体あるいは社会教育施設に移譲できるものはなるべく移譲すること。

・都道府県教育委員会は、社会通信教育、技能審査など必ずしも市町村の地域を基盤としない事業あるいは視聴覚ライブラリーなどの市町村にまたがる広域サービスを行う事業については、その指導方針を定め、奨励援助するように努めること。

・都道府県教育委員会は、指導者の研修、資料の収集、提供、計画的訪問、財政援助等の方法を通じて、市町村および社会教育関係団体に対して指導助言を行うことを主たる業務とすること。

イ　市町村教育委員会

・市町村教育委員会は、公民館その他の社会教育施設の充実に努め、これらの施設を通じて社会教育事業を行うことを原則とし、直接市町村住民を対象とする社会教育事業を行うことはできるかぎり抑制すること。

・社会教育関係団体の事業とすることが可能な社会教育事業については、社会教育関係団体がその主催事業として行うように奨励し、市町村教育委員会は、その指

導助言に努めること。

（10）https://www.mext.go.jp/b_menu/shingi/chukyo/chukyo2/siryou/1422064_00010.htm
　　（2022 年 8 月 10 日確認）
　　例えば、第 114 回生涯学習分科会（令和 3 年 12 月 21 日）における資料4の「今
　　期の生涯学習分科会の議論の方向性について」清原・牧野メモ。

（11）このことを実証する好事例には、長野県松川町の「健康学習」に参加した住民た
　　ちの組織活動があり、そのリーダーシップに注目して調査研究した久常節子『住民
　　自身のリーダーシップ機能―健康問題にいどむ町―』（勁草書房、1987 年）がある。
　　ただ、筆者は、他者の話を受け止めたり、一緒に悩んだり、さらには悩みを打ち明け
　　ることで他者の学習や活動を促進・支援するといったことまでを「リーダーシップ機能」
　　と表現するのが最適と言えるかには疑問を持っている。ただ、リーダーシップに収斂
　　しえない学びあいの豊かさのさらなる追究は、後日の課題とする。

池田先生の教育思想における「四権分立」の位置と「生命尊厳」の教育実践について

関西創価中学校教諭
井上善文

● はじめに ●

　創価大学や創価学園の創立者池田大作先生が提唱された四権分立構想について考察する時、その革新的な内容と着眼点に驚く。しかし、池田先生の教育提言を読み、教育思想を深めていくと、むしろそれが当然の帰結のようにも思える。今回は、四権分立の構想実現を願う一人として教育現場に立ち、池田先生の教育理念を具現化してきた経験を活かして、改めて池田先生の教育思想における四権分立という構想の位置付けについて考察したい。また、その中で構想の本質を捉え、現状の体制の中で実践できることについて提案したい。

1. 四権分立の目的

　まず、池田先生は教育提言で何度も四権分立の構想について述べられているが、どのような文脈で語られているのか。3つの提言を参照したい。

① 大学革命について[(1)]（1969年7月）

池田先生の教育思想における「四権分立」の位置と「生命尊厳」の教育実践について　　93

② 教育の目指すべき道──私の所感⁽²⁾ (1984年8月25日)
③ 「教育のための社会」目指して⁽³⁾ (2000年9月29日)

　さて、これらを読むと池田先生が四権分立をどのような文脈で提言されているか明確になる。それは池田先生の教育思想の根幹として、〝人間を手段化してはならない。だからこそ人間を育てる教育という営みも政治や経済の手段とされてはならない〟という信念があるといえる。この池田先生の思想は「人間主義」という言葉で表現されている。

　この点は、③で四権分立という具体的な提言の前に、「教育のための社会」という発想の転換について詳しく述べられていることからも明らかである。この池田先生の人間主義という特徴的な思想は多くの識者から言及があるが、今回はむしろこの人間主義の教育思想の根源をさらに探りたい。

　まず、なぜその探究が必要になるかというと、四権分立は〝人間を手段化しない〟ための最高の環境整備であるが、目的そのものではないからである。政治や経済などすべてにおいて人間が手段化されてはならないのであるならば、四権分立を達成する政治的過程においても人間が手段化されてはならないということである。例えば、四権分立を達成するために、暴力革命を起こして人命が失われたり、人権侵害があるようでは、本来の〝人間を手段化しない〟という目的は達成されず、むしろ人間主義には反する行動となる。反対に、四権分立の目的を正しく知って実践をすれば、四権分立が確立されずとも、人間主義の教育を進めることができるということである。

　この点について、池田先生は「人間主義」の実践規範として〈(1) 漸進主義的アプローチ (2) 武器としての「対話」 (3) 機軸としての「人格」〉を挙げられている⁽⁴⁾。これらを踏まえると、人間主義の実践規範は大いに「教育的」であることに気づく。なぜなら、教育もまた急進的ではなく、ゆっくりと少しずつ進むものである。そして、一方的に押し付けるものではなく、対話のように相互的な関わりを通して一人ひとりの人格に焦点を当てるものだか

らである。つまり、四権分立という構想の実現もまた、「人間主義的」に、「教育的」に進められなければならない。

2. 人間主義の理由「生命の尊厳」

　続いて、そもそもなぜ人間が根本なのか、という点である。池田先生の人間主義を紐解くために、前掲①を参照したい。①では、四権分立の構想を語る前提として池田先生が「人間を尊厳たらしめるため」の「生命の哲学」の必要性について言及されている。このことからも「生命の哲学」が池田先生の人間主義の根源であるといえる。では、その「生命の哲学」について思索するために、池田先生の「生命観」が表れている代表的な文章として『二十一世紀への対話』を引用したい。これは、「安楽死を認めるか」という問いについての、歴史学者アーノルド・トインビーと池田先生の対話の引用である。

　　　生命自体の生きる権利というものに人為を加えることは許してはならないと思います。なぜなら、苦楽には尊厳性はありませんが、生命は尊厳だからです。尊厳が、他に等価物をもたないということであるならば、生命の尊厳は、どんな苦悶とも等価におくことはできないのではないでしょうか。⁽⁵⁾

　　　その「自らの生を終える」ということを決定する主体は、知性や感情ではなく、もっと本源的な、その生命自体であるべきだと思います。
　　　知性、理性、感情は、この生命自体の表面の部分であって、生命全体ではありません。知性や理性、感情は、この全体的生命を守り、そのより崇高な発現のために奉仕すべきものです。それが生命の尊厳を守り、尊厳性を現実化する道であると考えます。⁽⁶⁾

安楽死を認めるべきであるとのトインビーに対して、池田先生は安楽死を認めないと強く主張される[7]。その根拠として、生命は〝他に等価物をもたないゆえに尊厳である〟という点を挙げられている。つまり「生命」に代わりはない、ということである。この点について、池田先生は「生命を尊厳ならしめるもの」と題する論文でもカントの『人倫の形而上学の基礎づけ』を引用した上で、「尊厳とはいかなる等価物をも置くことができないこと、あらゆる価格を超えたものということである」と述べられ、思い出のある万年筆が大金を積まれても手放したくないのであれば、物であってもそれなりに「尊厳性」を持っており、人間についてはなおさら「尊厳性」があると論じられている[8]。確かに、何億もの生命体があろうとも、「私」はただ一人である。私を動かす生命はただ一つしかなく、何をもってしても代えることはできない。そういう意味で、生命にはそれ自体に絶対的価値があり、相対化されてはならない。一方、苦悶や快楽は一時的なもので尊厳性はなく、知性さえも生命自体の表面であって「全体ではない」という。生命観については、中学生が関心を持つテーマでもあり、この点については私自身も生徒と何度も語り合ってきた[9]。

　また、池田先生はたびたび、自殺についても、警鐘を鳴らされている[10]。

　この〝生命の絶対性〟について考えた時、池田先生がなぜ人間を根本とし、手段化してはならないと主張するかが見えてくる。そして池田先生の反戦や非核への行動もまた、この「生命観」が根源となっていることが分かる。現代社会において一般的に重要視されている「政治」や「経済」も、多くの人々に影響を与える力を持っているが、変化を伴う一過性のものにすぎず、そこに「尊厳性」はないといえる。常に交渉によって変動するものである以上、等価物を持つ相対的な「場面」の連続に過ぎない。よって、政治や経済には相対的価値はあるが、絶対的な価値はない。当然それを目的として人間を手段化することは、絶対的な存在である生命を相対的な価値に貶める危険

性を持つ。人間主義の立場に立てば、本来「人間のための政治」であり、「人間のための経済」だからである。

　この「生命の尊厳」については興味深い点がある。それは、池田先生が創価学園に次のような指針を贈られていることである。「生命の尊厳」「人格の尊重」「友情の深さ・一生涯の友情」「暴力の否定」「知的・知性的人生たれ」との五原則である。この創価学園五原則は、いじめや暴力の否定の文脈で語られているが、興味深い点は「生命の尊厳」と「人格の尊重」の表現が違うことである。つまり、生命は「尊厳」であるが、人格は「尊重」との表現が使われている点である。この点にも池田先生の生命観を観る思いがする。これはあくまでも推察になるが、人格は教育や様々な経験によって変化するものでもあり、絶対的なものではないが、生命は絶対的に価値のあるものだから「尊厳」とされているのではなかろうか。

　『わが教育者に贈る』でも「一人の『命』は、全宇宙の財宝にも勝ります。この命を最大に光り輝かせていく営みこそ、教育であります。軽んじられてよい『命』など、一人としてありません。この『命』を踏みにじる権利など、誰人にもありません」と命の尊厳さを強調されている。その上で、「『暴力は断じて否定する』『いじめという暴力を絶対に許さない』。このことを教えることこそ、教育の出発でなければならない」と述べられている。

　また、2001年の教育提言でも「いじめや暴力などの問題」について提言され、学校は「子どもたちにとって〝学ぶ喜びの場〟となり、〝生きる喜びの場〟であるべき」であると述べられている。

　このように池田先生は折りに触れて、生命の尊厳の思想を基底に、いじめや暴力は人間の尊厳を蝕む具体的な事案であり、人間の尊厳を守る対応を教育現場に求められている。そして、教育現場のみならず、「生命軽視」の現代文明の持つ病理を多くの提言で指摘されているのである。

3.「生命の尊厳」の教育実践

　それでは、四権分立の根源ともいうべき、「生命の尊厳」をいかに教育現場で実践するか、という今回の本論に移りたい。私自身 14 年間の教員生活で、この「生命の尊厳」をいかに生徒たちに伝えるか、ということを考え続け、実践を繰り返してきた。今からその実践の一端をお示ししたいと思うが、教育現場には常に流れがあり、実践について考える時は日常的な「学校生活」の中で日々積み重ねられるものを踏まえなければならない。その点を踏まえず取り組まれる教育実践は付け焼刃に過ぎず、この実践事例をそのまま行って上手くいくかというとそういうものでもない。しかしながら、その実践の一端からでも 3 年間で培われる生命尊厳の挑戦の空気を、感じ取っていただければと思う。

（1）学級経営

　まず「生命の尊厳」を学ぶ最高の場所は「学級（クラス）」である。「部活動（クラブ）」や「委員会」、行事の運営委員など、学校には多くの場（集団）があるが、すべての生徒が無条件で所属する「クラス」こそが「生命の尊厳」を学ぶ上で最も大切な場所である。「所属することに条件を設けないこと」が生命尊厳の教育実践をする上で最も基本的な要件だからである。

　例えば、「クラブ」はほとんどが何か特定の目的を持っている。それゆえ、基本的には同質的な集団であって、その目的に合わない場合は排除されることもある。卓球部で野球の練習をすることは認められないし、合唱部でディベートをしていたら迷惑でしかない。また、全国大会を目指すような練習の厳しいクラブの場合、なんとなくその競技を楽しみたい生徒がそのクラブに居続けることは難しい。そういう意味で、クラブは集団として同質的で一定の目的が存在しているため、その目的に沿う人が重視される。また、特定の目的や目標に向かって「団結」し、絆の生まれやすい性質がある。その点に

おいてクラブは「社会」的である。

　それに対してクラスは、誰しもが無条件で所属できる「公共」的な場所である。クラスに所属する条件は、クラブに比べて少ない。「進学コース」など特定の目的に応じたクラスはどちらかといえばクラブに近く、特定の目的がある以上、排除も生まれる可能性のある「社会」的な場である。それに対して公立の小学校と中学校のように所属するのに条件を設けず、「皆が居てもいい場所」という性質を持つクラスこそが「生命の尊厳」を学び合う場所としてはふさわしい。このような、「社会」と「公共」の空間的な違いと、多数性と他者の重要性は政治学者ハンナ・アレントが詳しいが、ここでは割愛する。⁽¹⁵⁾

　「生命の尊厳」を具体的に実践するということは「存在を大切にする」ということである。このことを学ぶ場所として不可欠なことは「多様性」で、性別、国籍、宗教、学習能力、習慣、家庭、様々な特徴や背景の異なる生徒が「誰も排除せず、大切にする」ことを学ぶことが重要である。様々な差異を経験し、その差異のある人をどのように尊重し、どんな生徒の存在も大切にできるか、そしてそのことによって自分の人生も豊かになることを学べるか。クラスを運営する際も、「多様性の尊重」を生命尊厳の教育実践の柱としなければならない。

　しかし、何かの理念を教える時、多くはその辞書的な言葉の意味を教えがちであるが、それでは中学生の学びにはつながらない。「多様性の尊重」という理念も、実体験による気づきが大切である。その経験の土壌をつくるため、これまで私自身 12 の学級担任をしてきたが、すべてのクラステーマを「桜梅桃李（おうばいとうり）」とし、学級通信を作成してクラス開きで次のように生徒に語ってきた。⁽¹⁶⁾⁽¹⁷⁾

＜生徒に語りたいこと①【桜梅桃李】＞
　「桜梅桃李」という言葉は「桜は桜、梅は梅、桃は桃、李は李（すもも）で、

それぞれがそのまま美しい」という言葉です。皆さんの中には、それぞれ形も色も違う、美しいつぼみが必ずあります。となりの花がどんな風に咲こうともあせる必要はありません。「桃」が「桜」になろうとするより、「桃」らしく立派に花を咲かせることです。私はそんな皆さんの中にあるそれぞれの可能性を信じ、その開花を全力で応援します。勉強が得意な人も、苦手な人も、真面目な人も、ノリのいい人も、今はなかなか活躍できない人も、努力を重ねればいつか必ずきれいな花が咲きます。冬の桜から春の桜を想像できないように、皆さんも「あんな私が！」と驚くような成長を遂げることができます。「自分自身の春」を強く信じて、希望を持ってこの1年間進んでほしいと思います。花の色も形もそれぞれ違いますが、桜・梅・桃・李は咲く時期も違うのです。

　この学級通信も、14年間の中で何度も推敲し、生徒の様子を見ながら洗練してきたものである。クラス開きの最初の3日間は「黄金の3日間」と呼ばれているが、私もこの3日間は自分がどんなクラスをつくりたいのか、必ず所信を表明している。そのことで生徒が安心して登校できることにも繋がっていると感じる。「それぞれの個性を全員で守る」ということをクラスで約束できることは、クラスを生徒が安心できる環境にする上で不可欠な点である。大切なことは、教師だけでなく、その信念と姿勢を全員が獲得するように努力する約束である。しかし、日常的な学校生活を過ごす中で、当然トラブルも発生する。個性がぶつかり合い、傷つけ合う時もある。しかし、その時こそ「多様性の尊重」を学ぶ絶好の機会でもある。私はそのような時に、次のように声をかけることにしている。

　　　＜生徒に語りたいこと②【いろんな子がいる意味を守ること】＞
　　数学が苦手な子がいるように、時間を守ることが苦手な子がいます。運動が苦手な子がいるように、人間関係をつくることが苦手な子がいま

す。それは悪いわけでも変なのでもなく、苦手なだけだから周りの支え
があればよい。たとえクラスメイトがそうであっても、決して馬鹿にしたり、
のけ者にしたりしてはいけない。そして同じように自分がそうであっても、
自分を馬鹿にしてはいけない。勉強面も生活面も支え合って成長するた
めに、バラバラな個性が集まったクラスで過ごしている。いてはいけな
い人、いなくてもいい人など誰一人いない。何か改善すべきことがある
ときは相手のためを思って伝えなければいけません。

　だから、私は「あいつはいない方がいい」とか「うざい」とか、そ
の人の存在を否定するような言葉は絶対に許しません。何か悪いことが
あったとしても、存在を否定するようなことがあってはなりません。身だし
なみがどうであろうと、私は厳しく言うことはない。しかし、存在を否定
する言葉と態度だけは、このクラスでは断固として許さない。そういうク
ラスをつくるためには強い優しさが必要です。このことは私一人で成し
遂げられるものではありませんので、強い信念をもって、全員で全員を守っ
ていきたい。誰かの個性を守ることが自分の個性を守ることにもつながり
ます。

　そして、日常的に「全員の存在を全員が大切にする」ことを心がける。例
えば、クラスが全員登校すれば必ず喜ぶ。誕生日を迎えた生徒を皆で祝い、
生まれてきてくれたことを祝す。欠席している生徒の思いを共有する。掃除
当番など陰で頑張っている生徒を見逃さず、称えて感謝する。

　衝突を避けて、多様な人々が干渉し合わないように配慮することは「多様
性の尊重」ではない。干渉を避け、「ほっておく」ことは「多様性の尊重」
ではない。「いなくてもいい」という選択肢を与えることは、他人だけでなく
自分の存在の否定を容認することにもなるからである。それはもちろん「生
命の尊厳」を守ることにもならない。「欠けていい人など誰もいない」との
信念を毎日実践する中で、生徒が変わっていく姿がこれまであった。「最初

は仲のいい人がいなくて寂しかったけど、誰一人欠けてはいけないし、色んな人がいるからこそ楽しい大好きなクラスになった」と言ってくれたこれまでの卒業生の言葉は、学園五原則の「生命の尊厳」の実感ではないかと思う。

　多様な生徒へのインクルーシブ教育（すべての子どもを包容する教育）が近年重要視されているが、インクルーシブ教育の根本は「生命の尊厳」への信念ではないか。そうでなければ「いじめ」や「差別」と戦うことはできない。能力で人間の価値を測らない。「子どもの幸福」と「生命の尊厳」を守るための学校であらねばならない。そのために教室（ホームルーム）が家庭とともに、常に生徒がありのままでいていい場所「ホーム」となるように、担任は子どもの多様性を守らねばならない。教室は、多様な人が集う「パブリック」でもあり、安心できる「ホーム」でもある特殊な場所である。

(2) 道徳

　「生命の尊厳」という理念は、当然において普遍的な理念であるから、道徳の徳目として授業の中で学ぶことも大切である。中学校学習指導要領に定められた道徳の視点に「生命や自然、崇高なものとのかかわり」がある。このことを学べる教材はたくさん教科書に収録されているので、本稿では私自身が実践している2例だけ紹介したい。

　まずは、ドイツの教育学者であるディートリッヒ・ベンナー氏が実施しているETiK（公的学校における倫理教授に関連した、道徳的コンピテンシーの教授学的かつ陶冶理論的に確証された把握のためのテスト開発）を参考に、人間の尊厳への認識が試される状況を生徒に問いかけ、尊厳とは何かを深めていく授業である。これは、創価大学の牛田伸一教授より教示いただいたものである。[18][19]

　ETiK は、たとえば〝学校に来られなくなって転校した少女のために、同級生がどのように行動することが最も尊厳を守ることになるか〟という問いに対して、選択肢から回答することで、「尊厳」という徳目を深めるものである。

ここでは、道徳においても徳目に応じる形で答えがあること、そしてその理由が大切であることを踏まえて、生徒同士で道徳的な感覚や意見を交わし合う。

つづいて、山本有三の『路傍の石』を教材とした授業である。この物語の中で、主人公の愛川吾一が命を顧みない行動をしたことに対して、先生が吾一に語り掛ける場面を扱う。発問として「自分が先生だったら、吾一になんと声をかけるか」を考え、話し合わせる。そして、最後に先生の「吾一というのはね、われひとりなり。われはこの世にひとりしかいないという意味だ。世界に、何億の人間がいるかもしれないが、おまえというものは、いいかい、愛川。愛川吾一というものは、世界中に、たったひとりしかいないんだ。そのたったひとりしかいないものが、汽車のやってくる鉄橋にぶらさがるなんて、そんなむちゃなことをするって、ないじゃないか」という言葉を紹介する。[20] これは、池田先生の〝生命に等価物がないからこそ、絶対的な価値がある〟という倫理をわかりやすく説明している。話し合いだけでなく、ロールプレイを行ってもよい。理念の押し付けに終わらず、生徒が自分の言葉で生命の尊さを考える上でよい教材である。

4. 結びに～四権分立の位置と柱について～

最後に、「生命の尊厳」を中学生に伝えるために、私自身が話していることを紹介したい。それは、「できる」ことより「いる」ことの方が尊いということである。以下、私の子どもが生まれた時に発行した学級通信の文面である。[21]

　　＜生徒に語りたいこと③【「できる」ことよりも「いる」こと】＞
　　　私事ですが、先日娘が生まれ、私も三児の父親となりました。
　　　出産に立ち会う中で改めて生命への慈しみの思いがあふれてきました。
　　　5組のみんなも、きっとそうやって生まれてきたのだと思います。

以前、TVを何気なく見ていた時、あるCMが流れ、ハッとしたことがありました。

　かわいい笑顔の赤ちゃんの写真が出た後に、

　「何もできないくせに、幸せにしてくれる」

　という文字が現れました。

　私は何か大切なことを思い出そうとするかのように、一人じっと画面を見続けました。

　赤ちゃんは、一人では何もできません。生きていくこともできません。

　食事も、排泄の片づけも、着替えも、お風呂も、寝返りでさえも。

　しかし、「いる」だけで、人を幸せにしてくれます。

　あ、人を幸せにする、って一番難しいことを、何もできない赤ちゃんができるんだな。

　しかも、それって誰しもができることなのではないか。

　色んなことができないと、人を幸せにできないと思ってきたけれど、

　能力がなければ、価値がないように焦っていたけれど、

　人は誰しもその生命だけで、尊い。「いる」ことは「できる」ことよりも、尊い。

　そう思いました。

　「何かができる」から偉いわけでも、大切なわけでもありません。

　5組のみんなも、勉強が苦手だろうと、運動や音楽が下手だろうと、その存在だけで人を幸せにする力がある、かけがえのない存在なのです。

　激動の思春期にあっても、自分の存在を無条件に肯定する自信を失わないでほしい。

　自分が「いる」だけで幸せに思ってくれる人がいることを忘れないでほしい。

　そう5組の皆に祈りを送っています。

創価教育学の生みの親である牧口常三郎先生の言葉の通り、教育は「子どもの幸福」のためにある。しかし、実際に学校は勉強をする場所として、成長を重要視するがゆえに「できる」ことに重きを置きすぎているのではないかと私は思う。算数ができること、提出物が出せること、速く走れること、友達をたくさんつくれること、など社会で評価されることを学校でも評価しすぎて、私たちは「いる」ことの素晴らしさを見失っているように思う。教育の第一義が「社会に役立つ人間の産出」ではなく、「子どもの幸福」であるならば、「できる」ことよりも「いる」ことを徹底して肯定し、大切にしなければならない。勉強ができることも、足が速くなることも、「できる」ことが「いる」ことの肯定になるためである。子どもたちが「できる」ことで「いる」ことが肯定できるように学校があるのであって、「できない」ことを突き付けて「いる」ことの否定が進むならば、学校など無い方がいい。

　「生命の尊厳」を掲げる創価学園に通う生徒も、現代文明の中で市場原理やシニシズムにさらされており、常に自分の尊厳を脅かされている。なぜなら、「生命の尊厳」に反して、社会は、顔が整っていること、賢いこと、運動神経がいいこと、経済力があること、などを価値のあることと喧伝し、人を値踏みし続けているからである。中学時代は人間関係に悩むことも多く、自分や他者への客観視が高まり、反抗期と呼ばれる他者への批判とともに自尊感情も著しく傷つく時期である。その思春期を経て、自分自身への「生命の尊厳」も揺らぎ、「生きる意味」を見失っている中学生も多い。

　しかし、そのような生徒に私は「あなたにとってお母さんに代わりがいないように、お母さんにとってあなたの代わりはいない。だから生命は尊厳なんです。クラスにおいてもあなたの代わりは絶対にいない。だから自分とクラスメイトの命（存在）を大切にしてほしい。あなたはいるだけで誰かを幸せにできるからです」と語っている。私たちは、家族を生産性で見るだろうか。どんな能力だろうと、どんな性格だろうと、「いる」だけでいい存在が家族ではないだろうか。

ただ、近年そうとは言い切れない事件が多く、胸を痛めるばかりである。これまで向き合ってきた中学生の「いじめ」や「希死念慮」の根源に、現代社会の偏狭な優生思想に影響を受けていたものが多いように思う。知らず知らずのうちに、人を値踏みするようになる。そして、友人を傷つけ、自分を傷つけている生徒がいた。しかし、本来家族だけでなくすべての人が「いる」だけで尊い。学校でいろんな人と関わる中でそのことに気づくことこそが、学校の真の学びではないのか。

　よって、経済、政治、マスコミからSNSまで、教育（人間）を手段化する様々な暴風から生徒を守る信念を教師が持ち、生徒が「いる」ことを何よりも大切にすることが、真の「教育権の独立」ではないかと私は考える。そういう意味では、「教育権の独立」とは行政権からの独立だけを意味しない。

　「四権分立」は行政権から教育権を独立させることである。これは、時の権力者の思想（偏り）から子どもたちを守るために必要な制度である。しかし、制度的に独立したのち、教育権は何から独立し続けるのか。それは、人間の存在の価値を陥れるすべてからである。そして「生命の尊厳」と「子どもの幸福」を追究していかねばならない。よって、制度的に四権分立が確立されなくとも、「生命の尊厳」と「子どもの幸福」を目指した教育実践によって、教育権の独立を体現した場を創出することは今もできるのである。今後、「できる」ための教育だけでなく、「いる」ための教育実践の広がりが必要である。それが、四権分立が実現したあとも、「教育権の独立」を守り続けるための柱となるからである。

　近年、子どもたちの無関心や無気力が問題とされることがある。しかし、社会の価値観の暴風に晒される子どもたちがそうなることは、むしろ防衛本能から当然のことではないのか。「いる」ことを評価せず、「できる」ことばかりを評価する。そうした社会から私は子どもたちの「生命の尊厳」を守りたい。真の意味で、教育を何物の手段にもさせない「教育権の独立」は、子どもに接する現場の人間にしか成しえないことである。

教師が、人間を手段化するすべてから子どもを守り、情熱をもって問い、語り、子どもたちが「人間」に立ち返るように協同と共同の土壌をつくる。その中で、対話が広がり、四権分立の大樹が多くの国民の手で育まれ、この国に制度として、人権理念として、大成することを、私は目指している。

【注】

---

(1)『池田大作全集』第19巻、聖教新聞社、1990年、31～32頁。
　　＜大学革命について＞（初出：『潮』1969年7月号）
　　「今、新しい大学の建設にあたって、私は、かつての神の哲学に代わって『生命の哲学』を求めよと訴えたい。
　　人間を尊厳ならしめるために、超越的な〝天なる神〟を求める時代は終わった。それは、わが生命の内なる尊極の当体を開きあらわしていくことによって、初めて達成されるのである。
　　この哲理を、深い思索と科学的実証性をもって説き明かした生命の哲学こそ、二十一世紀への偉大なる文化創造の源泉となることを確信してやまない。
　　最後に、大学、ひいては教育の再建のために、政治と教育のあり方について、一言、申し述べたい。
　　それは、現在の政界の一部には、政治権力の介入によって大学の再建を図ろうとする動きがあるようだが、それでは、さらに火に油を注ぐことにしかなるまい。真の解決策は、むしろ教育の尊厳を認め、政治から独立することに求めなければならないと思う。
　　本来、教育は、次代の人間と文化を創る厳粛な事業である。したがって、時の政治権力によって左右されることのない、確固たる自立性をもつべきである。その意味から、私は、これまでの立法、司法、行政の三権に、教育を加え、四権分立案を提唱しておきたい。」
(2)『池田大作全集』第1巻、聖教新聞社、1988年、504頁。
　　＜教育の目指すべき道──私の所感＞（初出：「聖教新聞」1984年8月25日付）
　　「本来、教育の目的は、個々の人間の尊重、独立人格の形成というところにおかれねばならない。しかし現実には、国家や企業にとって価値ある人間、つまり、そういう機構、組織の中で効率よく効果を発揮する人間の育成というところに、教育が手段として用いられてきたという傾向性は看過し得ない事実であります。
　　私が、かねてから立法、行政、司法の三権から教育権を独立させる『四権分立』

構想を世に問うてきたのも、そうした政治主導型の教育がもたらす弊害や歪（ひず）みを取り除くことを念願するからであります。政府が音頭をとり続けてきた明治以来の近代教育の過程で、見失われてきたものは何か――それは『人間』の二字であります。」

(3) 『池田大作全集』第101巻、聖教新聞社、2011年、328～329頁。

＜「教育のための社会」目指して＞（初出：「聖教新聞」2000年9月29日付）

「『教育のための社会』というパラダイムの着想を、私は、コロンビア大学宗教学部長のロバート・サーマン博士から得ております。博士とは、私も何度かお会いし、そのつど深い識見に感銘を受けていますが、博士は、アメリカSGI（創価学会インタナショナル）の機関紙のインタビュアーから、社会において教育はいかなる役割を果たすべきかを問われて、こう答えております。

『その設問は誤りであり、むしろ「教育における社会の役割」を問うべきです。なぜなら、教育が、人間生命の目的であると、私は見ているからです』と。

まさに、卓見であるといってよい。こうした発想は〝人類最初の教師〟の一人である釈尊の教えに依るところが多いと博士は語っていますが、そこには自由な主体である人格は、他の手段とされてはならず、それ自身が目的であるとしたカントの人格哲学にも似た香気が感じられてなりません。

それとは逆に、人間生命の目的そのものであり、人格の完成つまり人間が人間らしくあるための第一義的要因であるはずの教育が、常に何ものかに従属し、何ものかの手段に貶められてきたのが、日本に限らず近代、特に二十世紀だったとはいえないでしょうか。

そこでは、教育とりわけ国家の近代化のための装置として発足した学校教育は、政治や軍事、経済、イデオロギー等の国家目標に従属し、専（もっぱ）らそれらに奉仕するための〝人づくり〟へと、役割を矮小化され続けてきました。当然のことながら目指されたのは、人格の全人的開花とは似ても似つかぬ、ある種の〝鋳型（いがた）〟にはめ込まれた、特定の人間像でありました。

教育の手段視は、人間の手段視へと直結していくのであります。」

(4) 池田大作「第31回『SGIの日』記念提言『新民衆の時代へ　平和の大道』」（「聖教新聞」2006年1月25・26日付）、『池田大作全集』第150巻、聖教新聞社、2015年。

(5) 池田大作、アーノルド・トインビー『二十一世紀への対話』、『池田大作全集』第3巻、聖教新聞社、1991年、289頁。

(6) 同上、298頁。

(7) 同上、288頁。

「苦悶をとどめるために他人の死に手を貸したり、あるいは自ら死を選ぶ自由を認めるということも、ヒューマニズムの一つの論理的帰結であることは、私も認めます。しかし、それがエスカレートして、やがては生命軽視の方向へと堕落することを、私は心配するのです。」

(8)『池田大作全集』第 1 巻、聖教新聞社、1988 年、472 ～ 473 頁。

＜生命を尊厳ならしめるもの＞（「人間の世紀」第 1 巻『生命の尊厳』所収、1973 年 1 月）

　「既に述べたように〝生命の尊厳〟という理念を確固たるものにするには、生命とは、一体、何であるのか、を明らかにしなければならない。ただその前に、尊厳とはどういうことなのかという点について、明確にしておく必要がある。文字通りの意味は『尊く、厳（おごそ）かなこと』であるが、それだけでは、あまりにも漠然としている。これについて、カントは『人倫の形而上学の基礎づけ』で次のように述べている。

　『目的の王国においては、すべては価格を有つか、あるいは尊厳を有つかである。価格を有つものは、その代りに、他の何ものかを等価物としておくことができる。それに反し、すべての価格を越えて尊いもの、したがっていかなる等価物をも認め得ないものは、尊厳を有つのである』（高坂正顕訳）

　つまり、カントによると、尊厳とはいかなる等価物をも置くことができないこと、あらゆる価格を超えたものということである。とするならば、尊厳性ということは、そのもの自体において付随する特質ではなく、そのかけがえのなさを感じてくれる意識者との関係において成り立つものである。卑近な例で言えば、極めてありふれた万年筆であっても、長い間使って愛着があるとか、それがその人にとって生涯忘れることのできない思い出の記念であるとかいった場合、どんなに大金を積まれても手放せないということもあろう。それは、その人にとって、それなりに〝尊厳性〟を持っていることになる。

　同様のことは動物についてもいえるし、人間についてはなおさらである。一人の人間は様々な意味で、いろいろな人と深いつながりがある。そうした関係のある人々にとって、その人の存在は他に代えられないものである。」

　この点については、注意しなければならないことがある。池田先生は、尊厳性は関係性によって生まれるものだが、それは「あらゆる生命」に尊厳性を認めるべきで、自己の生命や「自己と関係の深い人々の生命のみであってもならない」（同上、474 頁）とし、生命の尊厳は「普遍的理念」として行動の起因になるべきであると主張されている。「あらゆる生命に尊厳性を認めるということは、それを信念とする以外にない。そうと決めるということである。これは、もはや、経験的な次元から帰納的に出てくることではない。自ら定めた信念であり、そこから演繹的にこれを規範と

して行動し、生きる姿勢を確立していくのである」（同上、474頁）。

　確かに、トルストイが『アンナ・カレーニナ』で描いたように、本来宗教的信念とは科学的に真であるかを証明することを待たず、生きる規範として道徳の基盤となるものである。そのため、親も含めて誰からも求められない生徒がいた場合、教育者は「私にとってはかけがえのない生徒である」と決めるしかない。それはもはや宗教的信念の領域である。しかし、その信念を基盤としつつも、尊厳は関係性によって変化するという性質を踏まえて、他者との関係性によって「尊厳性」が高まったり傷ついたりするという点を考えて教育実践を重ね、その実践について科学的に考察することが重要であると筆者は考える。

(9)　井上善文「安楽死と生命についての私見─安楽死から深める『生命観』─」

　私は中学3年生の公民の授業で「安楽死」について学ぶ際に、生命について考える授業を行っている。それぞれ自由に討議した上で、私の私見として以下のことを生徒に語っている。

＜「人に死を選ぶ権利はあるのか」井上の意見＞

　皆さん、「安楽死」や「臓器提供」を通して、「死」について深く考えることができました。近親者の死を通して、死について考えている人もいれば、考えたこともない人もいたようですが、生をまっとうする上で死を見つめることは不可欠です。「死」を見つめることが、「生」を見つめることになります。マラソンを走るとき、常にゴールを見据えて今を懸命に走るようなものです。この授業をきっかけに「生死」と「生命」について考えてみてください。

　尊厳死について、個人的な見解をあえて述べると、父が物心つく前に死んでしまった私としては、「苦しんでいても生きていてほしかった。父にさわってみたかった。声を聞いてみたかった。声をかけてみたかった。」と思っていましたので、遺族のためには命ある限り生きるべきだと思っています。

　あとは、倫理観の問題です。私は、生命というのは自分の表面的な「意識」によって誕生したものではなく、自分の「生命」が願ってこの世にあらわれ、誕生してきたものだと考えています。「生まれたい」と（表面的に）意識していないからこそ、「死にたい」と自分の頭の中で表面的に意識しても、自分の「生命」が自分の死期を決めない限り、死ぬべきではないと思っています。「生命の誕生」というのは自我の選択を超えた奇跡であり、それこそ何よりも尊厳とされるべきものです。「生命」が死期を決める時が自分の寿命（自然死）であり、その時まで生まれた命は生きる責任（使命）があると思っています。自分がもし、そのような立場になったとして、たとえ絶望的な苦しみでも、その闘病生活の姿を通し、励まし、感動を贈れるかもしれない。だからこそ、その宿命を使命に変えて、少しでも人の役に立てるのなら、私は生きて

いきたいと思っています。

　しかし、この倫理観で安楽死を選択した遺族を苦しめてもなりません。あまりにも激しい苦しみ、不安、その中で覚悟もなく「生きろ」というにはあまりに厳しすぎるとも思います。苦しんでいる家族の姿を見て、優しさから安楽死を選択することもまた仕方のないことのようにも感じます。いずれにせよ、一人ひとりがこの世に生を受けた「生命」として、悩む家族と本人の苦しみに共感しつつも、「生命」の尊さについて日頃から考えていかねばならないと思うのです。

　また、この問題は「死後をどう考えるか」という宗教観にも影響を受けます。死後については「わからない」か「考えない」が科学的な回答になりますが、それでは誰しもが直面する死の問題の解決にはなりません。また私たちが、どのように生きているかは説明できても、なぜ生きているのかということは科学には説明できません。だからこそ、それぞれが様々な意見に触れ、自分自身の倫理観を磨いて、生きる意味を深めてほしいと思います。

(10) 『池田大作全集』第 56 巻、聖教新聞社、1994 年、314 頁。

　<創価中学・高等学校　第二回寮生・下宿生懇談会　未来社会の指導者に>（1983 年 1 月 16 日）

　「最近は、小学生のなかにも、中学生、高校生のなかにも自殺という恐るべき傾向があります。尊い自分の命を、自分で奪うことは、どんな理由があっても、絶対にあってはならない。それは、人間としての敗北の人生だからです。仏法上も、法器である生命をこわすことは戒められています。

　ゆえに、どんなにつらく、いやなことがあっても、生きて生きて生きぬいてほしい。それが正しい人間の道であることを、心の奥に刻んでおいていただきたい。」

(11) 『池田大作全集』第 58 巻、聖教新聞社、2007 年、125 ～ 126 頁。

　<創価学園協議会　「人間」で決まる　だから教育革命を>（1998 年 8 月 28 日）

　「フランスの文豪ロマン・ロランは言った。

　『私は、われわれを圧迫する暴力に向かって叫ぶ、「君たちは精神に打ち勝つことはできない。精神が君たちに勝つのだ」と』（河原忠彦『シュテファン・ツヴァイク』中央公論社）

　今、残念ながら、各地の学校で、『校内暴力』や『いじめ』、また『不登校』が増え、深刻化している。本人の苦しみ、また親ごさんの苦しみも、じつに大きい。

　また〝二十一世紀の指導者たちが、これでは、心配でならない〟と、多くの人が憂慮している。

　創価学園は、校訓で『暴力』を明確に否定している。『暴力』や『いじめ』は、絶対に許さない！　これが、創立者として、私の厳然たる宣言である。

だれびとの生命も尊厳である。一人一人に『人間としての尊厳』があり、人格がある。皆、その人でなければできない、『かけがえのない使命』をもっている。

　この『生命尊厳の思想』を、断固として言いきっていかねばならない。

　ゆえに、創価学園では、

　第一に、『生命の尊厳』

　第二に、『人格の尊重』

　第三に、『友情の深さ・一生涯の友情』

　第四に、『暴力の否定』

　第五に、『知的・知性的人生たれ！』

　これが、根本の方針である。

　うれしいことに、わが学園生は、見事に成長している。また、全国の未来部員も、たくましく成長している。『二十一世紀使命会』の皆さまのおかげである。」

(12) 創価学会教育本部編『池田名誉会長の指針　わが教育者に贈る』聖教新聞社、2015 年、67 頁。

(13) 『池田大作全集』第 101 巻、聖教新聞社、2011 年、354 ～ 355 頁。

　＜教育力の復権へ　内なる『精神性』の輝きを＞

　「これは、教育を手段視し続けてきた日本社会に対する警鐘の意味を込め、『社会のための教育』から『教育のための社会』への転換を呼びかけたものです。子どもたちの幸福という原点に立ち返って教育を回復させることは、まさに急務といえます。そこで今回は、特に子どもたちを現実に苦しめている、いじめや暴力をなくすために、学校や社会が取り組むべき課題について、一歩掘り下げて論じたいと思います。

　本来、子どもたちにとって〝学ぶ喜びの場〟となり、〝生きる喜びの場〟であるべき学校において、いじめや暴力などの問題が深刻化して久しくなっています。

　文部省（＝現・文部科学省）の一九九九年度の『問題行動調査』の結果によれば、公立の小・中学校と高校の児童・生徒が起こした『暴力行為』は三万六千件と、過去最多を更新しました。また、『いじめ』に関しては、減少傾向は見られるものの、依然、三万を超える件数が報告されています。まことに悲しむべき状況でありますが、これらの数字は、あくまで学校側が報告した件数に基づいたものであり、また私立の学校は調査対象に入っておらず、〝氷山の一角〟にすぎないともいわれております。件数の多寡もさることながら、問題なのは、こうした異常な状態が、教育現場において半ば常態化している現実です。

　子どもは、〝時代の縮図〟であり、〝社会の未来を映す鏡〟であります。その鏡が、暗い闇に覆われて曇ったままでは、明るい希望の未来など期待すべくもありません。

　これまでにも、文部省や各自治体を通じて、さまざまな対策が打ち出されてきまし

たが、こうした制度的な『いじめ防止』の環境づくりとともに、『いじめや暴力は絶対に許さない』との気風を社会全体で確立していくことが強く求められると私は考えます。」

(14) 『池田大作全集』第91巻、聖教新聞社、2002年、276〜277頁。
 ＜第四十八回本部幹部会　「励ましの対話」こそ「勝利への対話」＞（2000年7月18日）。

 「私が申し上げたいのは、つねに立ち返るべき原点は『自分自身』であり、『生命それ自体』であるということである。

 人間が人間らしく生き、人間らしく生命を輝かせていく。これ以上のことはない。そこにはじめて、人間らしく『幸福』と『平和』と『自然との共生』を実現していける。一切の科学や技術の進歩も、そのためにある。

 二十一世紀を前に、人類は、もう一度、この基本を確認していかねばならない。今こそ、『人間』という原点に帰るべきではないだろうか。

 その点、沖縄には、『命こそ宝』という哲学が光っている。

 人間教育の根本も、『生命を大切にすること』である。

 だから『絶対に人を殺してはならない』。

 だから『絶対に戦争を起こしてはならない』。簡潔にして根本の原則である。」

(15) ハンナ・アレント『人間の条件』志水速雄訳、ちくま学芸文庫、1994年、76頁。
 「他人が存在するおかげで、私たちは世界と私たち自身のリアリティを確信することができるのである」

(16) 井上善文　学級通信「桜梅桃李」1号、2021年4月8日。

(17) 井上善文　学級通信「桜梅桃李」2号、2021年4月9日。

(18) ディートリッヒ・ベンナー「公教育の一部としての倫理的・道徳的コンピテンシー」牛田伸一訳、『教育学論集第70号』（創価大学教育学部・教職大学院、2018年3月）。

(19) 牛田伸一「DFG-ETiK Projekt におけるコンピテンシーモデルとテスト開発」『教育方法学研究（第18集）』（教育方法研究会、2017年8月）、75〜102頁。

(20) 山本有三『路傍の石』新潮社、1980年、136頁。

(21) 井上善文　学級通信「桜梅桃李」17号、2021年1月8日。

大韓民国における「国家教育委員会」創立に見る教育権独立の可能性

創価大学通信教育部非常勤講師
金 明姫

●はじめに●

　大韓民国（以下、韓国）におけるこれまでの教育政策の変遷から見ると、政権交代によって教育政策の内容や諸制度が急変し、教育政策もまた臨時方便的で短期的な計画樹立にとどまり、前政権との一貫性、連携性を欠如した諸政策による教育の弊害も少なくない。

　こうした韓国的教育問題を根本的に解決する一取り組みとして、2000年代初頭から「教育百年之大計」の視座から、超政権的・超政派的合意にもとづいた、より長期的な教育政策を樹立・推進する独立的な教育機構、「国家教育委員会」の設置が要請されてきた。

　創価大学創立者である池田大作先生（以下、創立者）は、教育権の独立によって成り立つ「四権分立」の具体的な実践として「教育センター（仮称）」の設置を提案された。その設置理念として「教育に関する恒常的審議の場」とするとともに、「教育のグランドデザインを再構築する役割を担っていくべき（中略）一つの独立機関として発足させ、政治的な影響を受けない制度的保障を講ずるべきである[(1)]」と述べられている。

　本稿では、創立者が提案された「教育センター（仮称）」の設置意義を

参照しつつ、韓国における「国家教育委員会」の設置経緯とその意義を確認し、韓国における「教育権の独立」の可能性を探りたい。

1. 韓国における「教育権の独立」をめぐる諸論議

　韓国における教育は、政権が変わるたびに各政権の政治的理念と政策的関心によって国家教育課程（日本の学習指導要領に該当する）をはじめ、入試制度、大学の設立基準など、教育に関わる諸政策と制度が急変してきた。その一例に、韓国における高等教育政策を参照すると、1980 年代の高等教育へのアクセスを拡大する「高等教育門戸開放」政策、1990 年代の「大学設立自律化」政策によって、韓国の高等教育は、高等教育機関と学生の数においてかつてない量的拡大を達成した。憲法に「平生教育」（日本の生涯教育、生涯学習に該当する）が明文化されると、1982 年に「社会教育法」、1999 年には「平生教育法」が制定され、生涯学習の次元から高等教育政策が推進された。遠隔大学をはじめ、在職者の成人に高等教育機会を拡大する社内大学、単位銀行制度[(2)]など、新しい形態の高等教育制度が創設され、高等教育機会の量的拡大はもとより、その形態と内容も多様化した。

　しかしながら、1997 年の韓国 IMF 危機と 2000 年頃から顕著になった少子化による大学適齢人口の激減によって、今度は大学の量的規模を大幅に縮小し、評価と財政支援の連携強化による大学教育の質保障と競争力の強化を狙う改革が推進され始めた。国家が大学の入試、入学定員、私学の経営方針などの全般的な政策に関わって統制と放任を繰り返しつつ、大学自体の根本的な改革を伴わない政府主導の臨時方便的な一連の政策は、高等教育の質的低下への批判、高学歴失業者の増加、大学間の競争激化、大学財政難などの諸問題を生じさせ、大学の公共性の確保、責務性を強調しつつも、結果的には大学の自律性、教育の自由性を阻害してきたといえよう。[(3)]

韓国における国家主導の本格的な教育改革となる1980年の7・30教育改革以降、40年間にわたって推進されてきた一連の教育政策は、児童・生徒・学生をはじめ、教師、保護者が主体となる「人間主導型」の教育政策というより、政治的理念や政権の改革目標と推進課題によって左右される「国家主導型」の教育政策といえる。こうした政権ごとに変わる一貫性と連続性を欠如した教育政策で生み出された教育の諸弊害は、教育制度や政策そのものより、政治からの教育の独立、教育の中立性が問われる問題になっている。

　こうした状況から、韓国においては、2000年頃から超政権的・超政派的合意にもとづいた、より長期的な教育政策、いわゆる、教育のグランドデザインを構築する独立した教育機構、すなわち、「国家教育委員会」の創設をめぐる諸議論が活発に開始されたのである。

　一方、韓国における政治からの教育の独立、教育の中立性に関する議論は、1960年代に遡（さかのぼ）る。1960年4月、李承晩（イスンマン）大統領の不正選挙に対する大学生の抗議行動から始まった民主化運動（4・19革命）によって、李大統領は在任中に辞任（4月26日）する結果に至る。[(4)]

　当時の大学生の抗議について、「京郷（キョンヒャン）新聞」（社説「学生と教育界に寄せる」、1960年4月30日付夕刊）では、学生が中心となった民主化運動で政治再建を成し遂げた革命であると賛嘆し、政治と経済の民主化に先立ち、教育の民主化が急務であるとしている（図1）。教育の民主化を確保するための「教育の中立性」については、以下のように言及している。

　　　教育の民主化を成し遂げるためには、憲法上に教育に関する条項を設け、教育法を改正することが必要である。特に、教育の民主化を確保するための教育の中立性を強調しておきたい。教育の中立性を守るためには、教育自治制度をより一層拡充させ、さらには、教育を政治から完全に分離させるか、または教育を行政、立法、司法の三権の外に置く四権分立までも構想することが必要であろう。[(5)]

【図1】出典：「京郷新聞」（社説「学生と教育界に寄せる」、1960年4月30日付
夕刊）（ネイバーニュースライブラリー https://newslibrary.naver.com/search/
searchByDate.naver/2023年4月1日閲覧）

　また、近年における「教育権の独立」に関する議論の高まりは、教育
界における「教育独立宣言」がそのきっかけである。「教育独立宣言」は
2016年に、教育疎外階層の低所得の児童・生徒のための「希望の勉強部屋・
自習室」（희망의 공부방）を支援する希望ネットワークで活躍する哲学教授たち
の会である希望哲学研究所が開催した学術フォーラム「2016教育独立宣言
──韓国教育に対する哲学的省察」（2016年11月12日）において公表さ
れたものである。この宣言の翌年には、「教育百年之大計」の基本理念から、
韓国の教育問題への批判と考察、その解決のための提案等を集約し、同研
究所から『教育独立宣言──百年の教育を問う』が発刊された。

　ここでは、教育の独立を問うこととして、教育の本来の役割とは何かにつ
いて次のように定義されている[(6)]。

1. 教育は「最高善」として尊重されるべきであり、教育機構もまたそれに相応しい待遇がなされていなければならない。
2. 教育は、政府権力、経済権力から自由な独立的機構によって管理されなければならない。
3. 教育にはタブー領域があってはならず、教育自治委員会においてその内容と範囲などを定めなければならない。
4. 教育は、現実への批判をなし、未来のために備える内容で構成されなければならない。
5. 教育による不平等の深化と人間的生活の不均衡をもたらす序列主義の教育政策は、反教育政策であり、これを廃止しなければならない。

　この宣言では、「人間の生活において最も重要な要素であり、人間の自己形成、自己実現そのもの」を意味する教育は、一人の人間の人生において何かの手段ではなく、究極の目的、すなわち、最高善であるとしている。教育が最高善ならば、教育は政治権力や経済権力など、いかなる権力からも自由でなければならず、経済と政治は最高善である教育を中心に再編され、教育に奉仕する方向に進まなければならないとしている。ここで、教育が政治的に独立するというのは、政治的中立を意味するものではなく、教科内容と教育行政など、政治権力の統制を受けないことであると強調している。⁽⁷⁾
　また、韓国の今日のような教育制度についての不信、教育格差、教育現場の荒廃化という諸弊害の根本的な要因は、教育が政権と資本に従属した構造的な矛盾にあるとしている。こうして行政の管轄下に置かれる教育は、政権交代による教育制度の変容、政権別の教育政策の連携欠如により、長期的で連続性、一貫性を保つ教育政策の立案と推進を不可能にしていると指摘している。教育本来の役割を遂行し、以上のような問題を解決するために、教育権を加えた「四権分立と自治」と教育の独立・分権による自治機

構「教育合議体」創設を提案している。[8]

　一方、「教育権の独立」を実際に教育現場で実現していく取り組みとして導入した事例もある。その一例に、2019年4月に慶北道教育庁が発表した「小学校教育課程独立宣言」がある。

　地方の慶北道教育庁が国家レベルの全国統一の教育課程からの独立を宣言し、小学校教育課程に限定して地方独自の教育課程を実施すると発表した。慶北道教育庁によると、「教育課程独立宣言とは、教育課程や教科書、学習場所と時間、一斉授業と評価など、全国統一の、一律的な国家レベルの教育システムと教育に関する固定観念から脱皮すること」であるとし、「自律的で創意的な教師レベルの教育課程を編成し、児童一人ひとりの能力や学習状況、教育環境に応じたオーダーメード型授業と評価を実施することが目的」であるとしている。校長や教師の33人の教育課程専門家で構成された「教育課程コンサルティング団」を発足させ、道の教育目標や教育課程の改善、発展課題を審議し、地方独自の教育課程の拡大を積極的支援すると発表した。[9]

2. 韓国における「教育権独立」への取り組み
――「国家教育委員会」の創設

　韓国において、国家レベルでの教育改革を審議する委員会は、大統領令に基づく大統領所属委員会の一つとして教育改革諮問機構が設置・運営されてきた。金泳三（キムヨンサム）政府の教育改革委員会、金大中（キムデジュン）政府の新教育共同体委員会、盧武鉉（ノムヒョン）政府の教育革新委員会がその例である。これらは大統領所属の諮問機構であるが、ここで提案された5.31教育改革案など、実際の教育政策に積極的に反映された成果もあったが、政権交代によって持続的な教育改革機構としては機能できない、諮問機構にとどまっていた。[10]

　2000年の初頭から、社会的合意にもとづいた長期的教育ビジョンを樹立

し、持続的な教育改革体制を推進するための中立的、超政権的な教育機構の設置への要求が高まった。政権交代にかかわらず、より安定した、持続的な教育政策樹立のための独立機構として「国家教育委員会」の導入が提案され、それ以降、大統領選挙の主要な選挙公約として取り上げられてきた（表1）。

【表1】「国家教育委員会」等設置に関する大統領選挙公約

時期	候補者	機構の名称	機構の特徴
2002年大統領選挙	李会昌	21世紀国家教育委員会	・超党派的機構 ・人的資源関連の政策及び事業の統・廃合的運営
	盧武鉉	教育革新機構	・超政権的、超党派的ボトムアップ教育改革推進 ・教育当事者が代表として参加
2007年大統領選挙	鄭東泳	国家未来戦略教育会議	・大統領が会議等を直接主宰 ・教育政策決定機構
	李明博	―	―
2012年大統領選挙	朴槿惠	国家未来教育委員会	・超党派的機構
	文在寅	国家教育委員会	・社会的合意にもとづいた政策推進 ・超政権、超政派的機構 ・中長期政策目標と基本方向の樹立
2017年大統領選挙	文在寅	国家教育会議	・社会的合意にもとづく大統領諮問機構
	洪準杓	国家教育委員会	・政策の企画、世論収斂機構
	安哲秀	国家教育委員会	・独立した審議・意決機構
	劉承旼	未来教育委員会	・教育政策の企画
	沈相奵	教育未来委員会	・教育政策の企画のための社会的合意機構

出典：최진실 (2021) 「핀란드와 한국의 국가교육위원회 설치 및 운영에 관한 비교 연구」 대구교육대학교 교육대학원 석사학위논문, pp.11-12.

一方、教育行政体制改革としての「国家教育委員会」に関する議論は、高等教育体制の改編をめぐる議論から始まった。韓国教員団体総連合会の「高等教育委員会設置案」が現在の国家教育委員会議論の出発点であり、類似の委員会である「大学委員会」においてその設置をめぐる議論が続いてきた。2007年には教育人的資源部から「高等教育委員会」を教育部所属の独立した行政委員会として設置する案について議論され、それ以降は教育部全体の改編方案の一環として「国家教育委員会」に関する議論に拡大された。2012年に、当時、教育監のキム・サンゴン氏により「国家教育委員会設置」が本格的に主張され、「国家教育委員会の設置及び運営に関する法律案」の発議もなされた。⁽¹¹⁾

　しかしながら、設置に関する法律制定には至らず、以降の大統領選挙の主要公約として提案されたが、2017年の文在寅政府の大統領直属諮問機構である「国家教育会議」の発足により、「国家教育委員会」の設立が本格的に推進された。

　韓国における「国家教育委員会」は、社会的合意に基づいた安定した教育政策を推進していくために、これまでの少数の専門家中心の上意下達（top-down）の教育政策から、国家レベルでの教育改革とガバナンス革新を成し遂げる専門機構の設置への要求に応じるものである。特に、政権交代にかかわらず、これまでの5年計画の教育政策を改め、10年の中長期的な教育計画を樹立し、教育制度の改善をも視野に入れた独自的な専門機構である。これまで、教育に関する政策の樹立と執行まで担ってきた教育部は、「国家教育委員会」で出された教育基本計画を執行する機関として機能することになる。

　また、委員（3年任期）として選出される者の要件として、教育関連の専門家以外に教育団体、保護者など、多様な階層から候補者を推薦し、社会的合意にもとづいた教育の発展を図ることにしている。

　しかしながら、設置の法的根拠となる法律制定と教育部や地方の教育庁

などの関連機関の組織改編、委員選出等をめぐる利害関係などによる異論が多く、2017年の「国家教育委員会」設置推進以降、法律制定までには、また数年を要していた。

　ようやく2021年に「国家教育委員会の設置及び運営に関する法律」（2022年7月21日施行）の制定とともに、これまでの諮問機構としての委員会は、大統領所属の合議制の執行機構として設置され、職務の独立性が保障された。同法律では、「国家教育委員会」の設立目的については、以下のように明示している。

第1条（目的）

　国家教育委員会を設置し、教育政策が社会的合意に基づいて安定的かつ一貫して推進されるよう、憲法に保障された教育の自主性、専門性、政治的中立性を確保し、教育の発展に寄与することを目的とする。

　また、「国家教育委員会」の機能と役割については、以下の事項を取り上げている。

①未来社会に備えた国家教育ビジョン及び中長期計画（10カ年）の樹立に関する事項

②国家の人的資源開発政策、学制、教員政策、大学入学政策の長期的な方向設定に関する事項

③教育課程の研究、開発、告示に関する事項

④地方教育の自治強化支援及び調整、教育と地域社会連携支援に関する事項

⑤教育政策に対する国民意見収斂（しゅうれん）に関する事項

⑥大統領、中央行政機関の長、市・道教育監などが要請する諮問に関する事項

⑦その他の法令により委員会の所管で規定した事項

国家教育委員会は、教育関係者をはじめ、文化、マスコミ、雇用、産業、福祉、科学技術またはその他の関連分野の団体や機関を代表する者、学生・青年、保護者、地域住民など、社会階層を代弁できる者、その他、教育の発展に貢献できる専門性と知識を有する者を含む、21 名の委員で構成され、委員会の運営を支援する事務局が設置されている。その選出人員の基準として、大統領指名が 5 名、国会推薦の 9 名のほか、教員団体・大学教育協議会など、多様な機関の推薦から選出される。委員長と常任委員は政務職公務員で補い、委員長は常任委員のうち、大統領が任命することにしている（図 2）。

　また、国家教育委員会には、①社会各界の意見を幅広く収斂し、市民参加と社会的合意にもとづいてその所管業務を推進する国民参加委員会、②実務的な諮問や審議・議決事項に関する事前検討を担当する専門委員会、③緊急かつ重要な教育議題を審議・議決するため事前検討、諮問を担当す

【図 2】韓国国家教育委員会の組織図

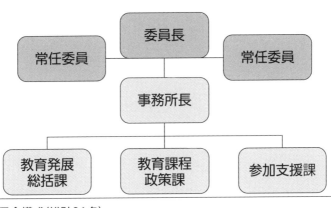

る特別委員会、の３つの所属委員会が設置されている（図3）。

【図3】国家教育委員会の所属委員会

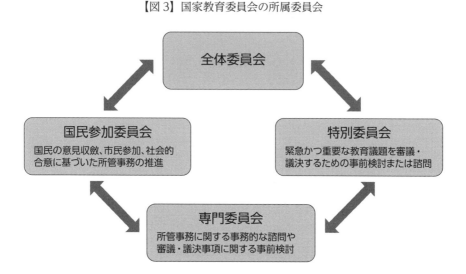

3. 創立者の教育提言が韓国に示唆するもの
──韓国における「教育のための社会」を目指して

　韓国における「国家教育委員会」は、設置当初から、創設の目的や理念、委員会の選出基準と委員の任期、所管業務と役割、現在の教育部の位置づけに関する政治的、社会的合意をめぐる論争が続いてきた。これまでの政権交代による教育改革と政策の齟齬、当該政権の教育的関心事と懸案課題に集中した近視眼的、短期的な教育政策は、現在の教育現場の諸問題の解決策としては限界に達し、さらには、教育の発展を阻害する要因として認識されつつある。

　「教育百年之大計」の視座に立ち、国家主導の教育、政治と経済論理に左右される教育から、児童・生徒・学生をはじめ、教師、保護者が主体となる教育の実現、教育権の独立を確保していくためには、「国家教育委員

会」はどのように機能していくべきであろうか。創立者の教育提言からその可能性を探りたい。

　前述の『教育独立宣言』においては、「最高善」である教育の本来の目的を実現するためには、まず、政治と経済が教育を中心に再編され、教科内容や教育行政が政治の統制から独立されることを強調していた。創立者の以下の提言を参照すると、その共通している点を確認できる。

　　本来、教育の目的は、個々の人間の尊重、独立人格の形成というところにおかれねばならない。しかし現実には、国家や企業にとって価値ある人間、つまり、そういう機構、組織の中で効率よく効果を発揮する人間の育成というところに、教育が手段として用いられてきたという傾向性は看過し得ない事実であります。（「教育の目指すべき道──私の所感〈全国教育者総会に寄せて〉」、1984年8月25日）

　　つまり、教育の目的は学者が定めるものではなく、他のだれかに利用されるべきものでもない。人生の目的がすなわち教育の目的と一致すべきであるとの観点から「教育は児童に幸福なる生活をなさしむるのを目的とする」（『牧口常三郎全集5』第三文明社）としているのであります。（同）

　創立者の「立法、行政、司法の三権から教育権を独立させる『四権分立』構想」は、韓国のこれまでの教育政策が経験してきた「政治主導型の教育がもたらす弊害や歪みを取り除くこと」の可能性を示唆しているのではないかと考えられる。創立者は、「教育権の独立」で成り立つ「四権分立」の実践として、「教育センター」の設置を提唱しているが、その内容については、以下のように示している。

教育に関する恒常的審議の場として、新たに「教育センター（仮称）」を創設し、教育のグランドデザインを再構築する役割を担っていくべきと提案したい。設置にあたっては、一つの独立機関として発足させ、政治的な影響を受けない制度的保障を講ずるべきであると考えます。内閣の交代によって教育方針の継続性が失われたり、政治主導で恣意的な改革が行われることを防ぐ意味からも、独立性の確保は欠かせない。教育は次代の人間を創る遠大な事業であり、時の政治権力によって左右されない自立性が欠かせない。（「『教育のための社会』目指して」、2000 年 9 月 29 日）

　創立者が提唱した「教育センター」を参照すると、韓国の「国家教育委員会」はその設置目的に明示しているように、「教育の自主性、専門性、政治的中立性を確保」し、「未来社会に備えた国家教育ビジョン及び中長期計画」、すなわち、教育のグランドデザインの再構築を担う独立機関として、「教育センター」と共通したその役割を果たすことで、「教育権の独立」の実現、さらには、「教育のための社会」を実現しゆく機構として機能していくことを期待できるであろう。

おわりに

　創立者のこれまでの教育提言や教育への所感などは、韓国 SGI 機関紙「和光新聞」をはじめ、韓国のジャーナルへの寄稿として多く紹介されてきた。特に、朝鮮ニュースプレス『topclass』の「未来のための提言」というコーナーに 2013 年 5 月から 2019 年 1 月まで（1 号～ 46 号）、教育や平和、文化、環境、育児などの多様な分野にわたる提言を寄稿された。
　趙文富（済州大学名誉教授・元総長）氏は、創立者の教育提言について次のように感想を述べている。

池田 SGI 会長は 2001 年と 2002 年に発表した「教育提言」の中で、「人間の価値創造を目的とする教育は何らかの手段となってはならず、人間教育を目的とするだけに、すべてに優先しなければならない」と述べた。これに対して韓国は、この「教育提言」を人類社会の根本を正す高貴な絶対真理として規範化しなければならない。「教育のための社会」であるべき理由は、教育が人間にとって本質的なものであるからである。（韓国 SGI 機関紙「和光新聞」2009 年 7 月 3 日付）

　また、キム・ヨンハ氏（仁川（インチョン）高校教師）は、「教育力の権利回復は人類の最優先課題であり、それを解決するために『社会のための教育』から『教育のための社会』への発想転換は、21 世紀における希望の突破口である」と共感を示している（同前、2001 年 2 月 23 日付）。

　これまでの韓国の教育政策は、政府主導の改革的課題として推進され、これもまた政権交代によりその内容が急変し、一貫性、連続性が欠如した教育政策による教育の弊害が少なくなかった。政権別の 5 か年計画ではなく「教育百年之大計」を視座に入れ、教師、学生、保護者が教育の主体として積極的に参加できる教育政策が要請され、その役割を担う独立機構として、2022 年に「国家教育委員会」が創設された。

　本稿では、韓国における「国家教育委員会」が目指す「政治からの教育権の独立」と「教育の自主性」を確保していくためのその方向性を、創立者の教育提言から探ることにした。

　創立者が提案された「教育権の独立」で成り立つ「四権分立」、これを実践する独立機構としての「教育センター」の役割を、韓国の「国家教育委員会」が担い、政治・政権からの「教育の独立」のみにとどまらず、「教育の独立」で実現しゆく社会像をも構想し、一人ひとりの「生涯にわたる幸福を実現」する意味での「教育百年之大計」を樹立していくことを期待したい。

【注】

(1) 池田大作（2000）「教育提言「教育のための社会」目指して」（「聖教新聞」2000 年 9 月 29・30 日付）、『池田大作全集』第 101 巻所収、聖教新聞社、2011 年、337 頁。

(2) 単位銀行制度（韓国では学点認定制度）は「学点認定等に関する法律」（1997年制定）に基づき、学校内外で行われる多様な形態の学習や資格を単位として認め、単位が累積され一定の基準を満たすと、学位取得を可能にする制度である。国가평생교육진흥원「학점은행제도」(https://www.cb.or.kr/creditbank/、2023 年 6 月 1 日アクセス)

(3) 金明姫（2019）「韓国における高等教育改革下の大学開放 ―1980 年代以降の大学開放政策に着目して―」全日本大学開放推進機構『UEJ ジャーナル』第 31 号、pp.1-17.

(4) 「4.19 혁명 (四一九革命)」(한국민족문화대백과사전、https://encykorea.aks.ac.kr/)

(5) 경향신문「사설 학생과 교육계에 부친다」(1960 년 4 월 30 일)

(6) 희망철학연구소 (2017)『교육독립선언 - 백년을 생각하며 묻는다』현암사 , pp.4-5.

(7) 同上書、pp.12-13.

(8) 同上書、pp.21-22.

(9) 경북교육청 (2019)「초등 교육과정 독립 선언」(보도자료 , 2019 년 4 월 22 일)

(10) 이덕난 · 유지연 (2022)「국가교육위원회 출범의 의미와 과제」『NARS 현안분석』제 265 호 , pp.1-2.

(11) 최진실 (2021)「핀란드와 한국의 국가교육위원회 설치 및 운영에 관한 비교 연구」대구교육대학교 교육대학원 석사학위논문, pp.9-11.

池田教育思想に基づいた児童期における世界市民教育の教育方法に関する考察

公立小学校教諭
矢野淳一

●はじめに●

　ユネスコは2014年に発表した「Global Citizenship Education ― Preparing learners for the challenges of the 21st century」にお[1]いて、GCED（Global Citizenship Education：地球市民教育）を通して、平和で寛容かつ持続可能な社会の実現に積極的に貢献できる人材を育成することを目的として掲げている。また、その具体的な教育方法として、人類社会全体が直面するグローバルな問題を、ローカルとグローバルの両方の視点から取り上げることを提唱している。しかし、児童期における子どもが地球規模の問題に対して当事者意識を持って考えることは難しい。

　創価大学、アメリカ創価大学の創立者池田大作先生（以下、創立者）は、『創価教育学体系』を著述した牧口常三郎（以下、牧口）の教育実践を通して、日常生活に根差したローカルな問題とグローバルな問題を結びつけるための教育方法について示唆している。そこで、筆者は、創立者の教育思想に基づいて、児童期における世界市民教育の教育方法に関する考察を行った。

1. 人間教育の根幹としての理念と教師

　創立者が提唱する「生命尊厳」の哲理に根差した人間教育の目的は、人間の中に秘められた偉大な可能性を引き出し、磨き上げ、完成へと導き、社会に価値を創造し、自他ともの幸福を実現する人材を輩出することである。

　人間教育を可能にする根幹は、「およそ、教育は理念のいかんと、教育者自体の人格によって決まるものである。(2)」と、創立者が言明されているように、教育の理念と教育者の人格である。人間教育は、情熱と慈愛を持った教師と子どもの信頼関係で結ばれた人格相互の触発であり、そのため、子どもと共に成長する教師自身の精神の深化、人格の錬磨という人間革命が肝要となる。

　人間教育の理念は、人間に対する深い洞察と理解の上に樹立されるべきであり、政治や軍事、経済、イデオロギー等に従属したり、奉仕したりするための鋳型(いがた)にはめ込まれた人づくりではなく、桜梅桃李(おうばいとうり)による人格の全人的開花が希求される。

2. 創立者が提示された教育理念の指標

　創立者は、「教育の目指すべき道――私の所感」(1984年)において、人間教育が依拠すべき理念として、「全体性」「創造性」「国際性」の3点を提起している。この3点の指標を備えた人間像として、自他共の幸福を築く「全体人間」の育成について述べている。「全体人間」とは、細分化し客観的に分析された部分的な視点のみならず、生命尊厳の哲理を通し、総体的な全体観をもって、自他共の幸福を築く智慧に変えていける人材である。

　1996年に行われたコロンビア大学ティーチャーズ・カレッジでの講演では、「全体性」「創造性」「国際性」の理念を更に明確な人間像として、あらゆる知識を無限の価値へと活かし、人類の幸福と平和を切り開きゆく「世界

市民」が掲げられ、その3つの要件を次のように示している。[3]

　一、生命の相関性を深く認識しゆく「智慧の人」
　一、人種や民族や文化の〝差異〟を恐れたり、拒否するのではなく、
　　　尊重し、理解し、成長の糧としゆく「勇気の人」
　一、身近に限らず、遠いところで苦しんでいる人々にも同苦し、
　　　連帯しゆく「慈悲の人」

　この「智慧」と「勇気」と「慈悲」という、知性と行動と感情のバランスを備えた世界市民の人格像を挙げている。人間像といっても決して鋳型にはめ込むことではなく、それは個々の桜梅桃李に即した人格の開花であり、個々の生命境涯の変革を目指していくことである。

3. 創立者の教育理念の概念把握

　創立者の教育思想を概観し、世界市民教育における教育方法を考察するために、まずは上記の教育理念の概念として、「全体性」の指標について概説する。
　創立者は、「自分一人で生きている人間などいません。私たちはみんな、お互いに生かし、生かされて存在しています。そうした生命の平等を知って、隣人の中に荘厳な輝きを放つ『宝石』を発見できる『智慧の人』が、『国際人』です。」と述べている。[4]
　生命尊厳の哲理の上で、生命のつながりである相関性、連関性、関係性としての「全体性」について深く認識し、個々の生命の輝きの価値を見出すことができる智慧の開発を重視している。森羅万象の出来事や物事は、一つとして孤立して生ずるものはなく、ことごとく互いに〝因〟となり〝縁〟となって関連し合い、支え合い、つながり合って一つの全体像を形づくっている。

人間と人間、人間と社会、人間と自然、更に小宇宙（ミクロ・コスモス）と大宇宙（マクロ・コスモス）は不可分の関係にあり、絶妙なリズムを奏でている。人間が人間らしくあり、本当の意味での充足感、幸福感を得るためには、この全体性としての〝結びつき〟を感じ取ることができる智慧が不可欠である。

　この「全体性」について創立者は様々な機会で言及しているが、1991年のハーバード大学での講演では、個と全体性の関係性について述べている。主観世界である個と、客観世界である森羅万象は不二の関係にあり、個の内発的な生命の発動と森羅万象における事象は、ダイナミックかつ総合的に不離の関係にあると洞察している。つまり、全体の中で個を埋没させるのではなく、主体的かつ内発的な個による智慧が、人や社会や自然への価値を創造し、貢献していくことができることを述べている。

　また、創立者は、前出の「教育の目指すべき道」において、「全体性」の概念を学問や教育の在り方として置き換え、「知識の個別性」と「知恵の全体性」の関係として提起している。いくら多くの情報があり知識があったとしても、それだけでは価値を生み、幸福を生むとは限らない。知識を使いこなし、生かしきっていく知恵の開発へとつなげていく努力が必要なのである。つまり、物事が互いに関わり合っていることを認識すると同時に、学問や知識が自分自身にどうつながり、いかなる意味を持つか、人間の〝幸福〟やよりよく生きるための〝価値〟とどのように結びついているのかを問い直すことによって、自分だけが良ければという小さなエゴイストではなく、自分の生き方を自他ともの幸福や社会への貢献と連動していくことを提起している。

　創立者は、1993年1月のクレアモント・マッケナ大学での特別講演において、「個人として調和」「他者と調和」「地球と調和」と、多様性の尊重とその調和について述べた上で、宇宙的生命の律動を全身で感じ、生気溢れる生命としての全人性の回復について述べている。人間の理性的側面のみを肥大化させるのではなく、宇宙的生命としての全体性を通した、理性と感情と行動の調和がとれた人格形成が肝心である。

続いて、２つ目の指標としての「創造性」について概説していきたい。

　創立者は、人間は能動的かつダイナミックに一日一日より高きものを目指して新たな価値創造の営みを行っている存在であり、「創造性」とは、千差万別の個性を開花させていく母体であることを述べている。

　個性の開花のためには、個性を一種の性癖で凝固させたり、終わらせたりするのではなく、人間の内奥にある計り知れない可能性を引き出し、磨き上げることが必要であり、そのため「創造性」を発揮するためには優れて内発的な力が必要となってくることを指摘している。

　更に、創立者が「知識はいくらでも外部から注入することはできますが、『創造性』や『創造力』は、何かが触発となって内より発してくる以外にないのであります⁽⁵⁾」と述べているように、創造性を薫発するためには、魂と魂の打ち合いである「触発」が肝要である。人間と人間、人間と文化、人間と自然、宇宙等々の触発によって魂がしびれ、ゆさぶられ、創造性を発揮する源泉となるのである。

　個性を生かし人格の完成を目指す上で、創立者は「個性や自由をいうあまり、〝個〟を〝私〟へと矮小化させてしまう、人間のエゴイズムというものに対して、あまりにも無防備、無警戒でありすぎました⁽⁶⁾。」と、個性の意味について取り違えてしまうことを憂慮している。個性は、幸福を快楽と履き違え、自由を放縦と勘違いした勝手気ままで我が儘な中から磨かれるのではなく、時には激しい打ち合いや矛盾、対立、葛藤を余儀なくされる状況もあるが、それらを粘り強く乗り越え、価値を創造する中に人格を輝かせることができることを述べている。

　それゆえに、創立者は、教育において重要なこととして、教師が子どもを一個の人格と見て、人格と人格との切磋琢磨を通した全人的触発を強調している。そのためには、教師自らが創造的生命力に溢れ、人間的魅力の輝きを放つことに努めていくことは不可欠であり、人間と人間との触発を通して、努力、慈愛、友情、正義、忍耐、勇気等といった人間的な徳目である善の

価値を土台とした生き生きとした創造性を輝かせることができるのであると示している。自分のことしか考えず他の人々の犠牲を顧みない自己中心的な生き方ではなく、互いを尊重し支え合いながら、ともに価値創造していく社会を築いていく生き方が求められるのである。

　創立者は、一個の人格と人格とが全人間的な触発を行う「対話に基づく教育」が人間教育、世界市民教育の眼目であることを強調している。しかし、「外なる対話」は「内なる対話」を前提としていることについて、次のように述べている。

　「生きていることの確かな手応え、リアリティーは、『自己』と『他者』が、深層次元で織りなす入魂と触発のドラマ、『内なる対話』と『外なる対話』の不断の往還作業という溶鉱炉の中で鍛え上げられてこそ、万人を包み込む普遍的な精神性の輝きを帯びてくるのであります[7]。」と。対話による触発は決して外発的に与えられるものではなく、自己の内なる対話を通して、自らが主体的に働きかけ、他者と触発し合って価値創造をしていくのである。

　触発は、学校内だけに留まるのではなく、家庭や地域、社会に開かれることで、多くの様々な人との出会いや交流等、創造的な学びの場が広がり、子どもの学びがより豊かとなるだけではなく、社会全体が、教育を通して互いに関わり、喜びや成長の機会が広がることを提言している。

　歴史を超えて、古典や名作等と呼ばれる人類の精神的遺産は、いずれもその深層次元から養分を吸い上げ結実された精華であり、優れた精神との対話による触発は、自我を磨き広げ、成長の因とすることができる。また、絵画や音楽等の芸術文化との出会いも、その芸術を生み出した息吹からの触発を通して新たな価値を生み出す源泉となるばかりでなく、人間としての内面をより豊かに育むのである。

　創立者は、自然との触発を通して、自然の不思議さや美しさ、偉大さを五感全体で感じ、瑞々しい生命感覚を培う創造性を育むとともに、自然との共生を奏でゆく人格を形成していくことの大切さについて述べている。

人間と自然との関係について、創立者は、人間を含めたあらゆる生命存在は、互いに影響し合う中で生きている「相依相資（互いに依存し合い、互いに資け合う）」の関係性にあり、自然環境と人間生命は切っても切れない深い結びつきがあると述べた上で、人間が大自然の恩恵や他の生物との関係に支えられて生を営んでいることへの深い感謝を忘れることなく、自然環境に深い愛情を持ち、自覚と責任感をもって向き合い、貢献していく生き方を提唱し、推進している。

　最後に３つ目の指標となる「国際性」について概説していきたい。

　コロンビア大学ティーチャーズ・カレッジでの講演では、たとえ国外に１回も出たことがなくても、世界の平和と繁栄を願い、貢献している人こそ、真の世界市民であることを述べている。創立者が言う世界市民の要件は、自分の小さな殻を破り、他人に尽くしていくところに人生の喜びを見出すことができる「自他ともの幸福」の生き方である。

　創立者は、語学に堪能なだけでは世界市民としての十分条件にはならないが、人と人とを結び、世界を結ぶ手段として語学は必要条件であることを述べている。言葉には、その国で生活している人々の実感や意識、更に社会の背景となっている文化が込められており、語学を通して世界の人々の生活を知り、価値観の違いを学ぶことができるのである。

　創立者は、1960年の北米、南米訪問に始まり、アジア、欧州、アフリカ等、世界各国・地域へ足を運び、人間を隔てる差別や偏見等のあらゆる障壁を超え、同じ一人の人間としての対話と交流を重ねて心を結び、世界平和への友情の連帯を築いてきた。

　更に、1975年に、創立者自らが身元保証人となり、中国人留学生を受け入れ、学生交流の幕を開いてきた。また、世界中の大学と交流協定を締結し、世界に開かれた学校として、「国際性」を伸ばす教育環境を積極的に築いてきた。

　そうした中で、創立者は、対話と交流には、相手や相手の国を理解する

とともに、自分や自分の国及び地域の伝統や文化等への理解や造詣を深めることが必要であり、それによって魅力ある個性が一段と輝き、確固たる自信へとつながることを述べている。要するに、この対話と交流を通して、自己を知り、他者を知り、多様な価値を創造性の源泉として新たな価値を創造することができるのである。また、対話と交流を通して、相手との差異を認め合い、尊敬し、学び合い、相手に耳を傾け、誠実に対話していく。それによって、偏狭な視点や感情の超克(ちょうこく)を可能にし、勇気や克己(こっき)、献身、正義、愛、友情等の徳目を人々の胸に生き生きと脈動させていくことができるのである。

創立者は、現在様々な所で起きている紛争や環境破壊等の地球的問題群の原因を考察し、そこには差別や抑圧、貧困や人権侵害といった構造的暴力が背景にあり、そのことは家庭から国際社会にいたるまで存在していることを明示している。そして構造的暴力が自然に向かえば環境破壊となり、社会や人間に向かえば戦争や人権抑圧となる等の関係性を明らかにし、人間の心の中に潜む憎悪や貪欲、利己的な働き、暴力への衝動を克服していく中にこそ、真の意味の非暴力があることを言明している。

要するに、世界市民教育の具体的内容として示された「平和教育」「人権教育」「環境教育」「持続可能な開発教育」は全て一体であり、あらゆる人の心に宿る利己的なエネルギーを制御し、自他ともの幸福と繁栄の方向へと転換することが、「平和の文化」を築く礎(いしずえ)となるのである。

創立者は、世界市民の活動の場は、今いる足元が出発点であり、他者との対話と交流、活動の一つひとつが、価値を創造し、世界市民としての貢献を広げる貴重な機会となることについても言及している。

そのことは、1903年に牧口が公刊した『人生地理学』に書かれている世界市民の3つのアイデンティティーに基づいている。

「郷土を愛し、自分の生活している場を愛するという、人間本然(ほんねん)の心情というものは、そのまま世界を愛するグローバルな心にもつながるのではないでしょうか。牧口会長は、最初の著作『人生地理学』の中で、『郷民(ごうみん)』で

あるとともに、『国民』であり、『世界民（＝世界市民）』であるとの自覚から出発すべきことを訴えています」と、創立者は、この3つの自覚をバランスよく併せもち、調和させゆく教育が、「世界市民」の育成にとって不可欠であると述べている。そして、確かな足場を最も身近な地域に置き、世界を視野に「人類益」「地球益」を考えて行動していくことで、全ての人が主体的に貢献に取り組むことができることを述べている。つまり、地域にあっても、国際社会にあっても、「よき隣人」「よき市民」として、お互いに理解を深め、共に栄えていく。その隣人を愛し深く理解しようと努める心が、世界の人々を深く理解する世界市民の心となり、それが広がり連帯することで、平和な社会を築くことができるのである。

4. 創立者の教育理念に基づいた世界市民教育の教育方法に関する考察

　創立者は、「『地球市民』を育成する作業は、すべての人間に深く関わることであり、これには、皆が携わり、皆が責任をもたねばならない、重要な事業であります。だからこそ、『地球市民』教育を意義あらしめるためには、わが郷土、つまり地域社会に根差していくことが大切ではないでしょうか。」と、世界市民を育成する教育の場は、身近な地域社会での生活にあることを述べている。

　しかし、児童期の子どもが地球規模の問題に対して当事者意識を持つことは難しいことである。また、身近な地域社会を教育の場とし、地球規模で価値創造する世界市民の育成にどのように取り組めばよいかという課題が挙げられる。

　その日常生活に根差した身近な地域社会の問題と地球規模の問題を結びつける鍵は、「全体性」であり、地球規模で起きている問題が、自分や身近な社会と関係していることを子どもが認識できるようにすることである。一人の人間は、他者とつながり、社会とつながり、その基盤である自然生態系

とも相互に関連し合っている。子どもが、この生命の連鎖に思いをいたす中で、生命の尊厳性に目を向けることができるようにしていくのである。

　創立者は、その一例として、創価教育学を提唱し、尋常小学校の教壇に立ってきた牧口の教育実践として、子どもが実際に生活している地域の風土や営みを〝生きた教材〟として学ぶ「郷土科」を、あらゆる学科の中心軸に据えたコア・カリキュラムを紹介している。

　牧口は、『人生地理学』の緒論において、子どもが生まれて母乳が得られず、粗悪な脱脂粉乳で悩まされた時、医師の薦めでスイス産の乳製品によって、ことなきを得た際、スイスのジュラ山麓で働く牧童に感謝する思いだった等、自分の経験を通して述べている（『牧口常三郎全集』第１巻）。

　このことが象徴しているように、牧口の教育実践の特徴は、〝人〟と〝地〟との相互的な関係に着目し、自分の生活が世界中の人々の恩恵を受けて成り立っているという生命のつながりや互恵を子どもが認識できるようにしていることである。

　牧口の述べる郷土とは、自分が今暮らしている生活の立脚点としての地域であり、実際に人や自然とのつながりを実感し、自身の存在基盤となる場である。地域は、広く社会や世界を動かしている様々な原理が身近な姿を通して展開される集約の場と位置付けている。

　創立者は、「この認識に基づいて提唱された郷土科は、郷土と自分との交わりを通じて培った『共生の生命感覚』を基礎に、良き郷土民として生きるだけでなく、その延長線上において、広く社会のため、国家のため、さらには人類のために貢献する生き方の萌芽を育むことまで射程に入れた教育に他ならなかったのです。(10)」と、ローカルとグローバルをつなげていく中で、世界市民教育を展開することを述べている。

　また、地球規模で起きている環境破壊、様々な所で起きている紛争や人権問題等の問題は、自分や身近な地域社会でも起きたり、関係したりしていることに目を向け、それらの問題は、一人一人の心の中に潜む「生命の尊

厳性」の軽視が引き起こしていることを子どもが感じ取ることができるようにすることが重要である。

　しかし、子どもが全体性を認識する際、様々な問題や事象の関係性を子どもに知識として教えることではない。子ども自身が、自分の身近な生活を通じて「つながり」を実感し、より良く生きる力として身につけることで、主体的に学ぶ力が育つのである。また、「創造性」で概説したように、教師は、子どもの個性や内発性を引き出すためのアプローチに努めるのである。

　創立者は、『創価教育学体系』を著した牧口の「教授の目的は興味にあり、智識其物（そのもの）を授くるよりは、これより生ずる愉快と奮励（ふんれい）にあり（11）」を引用し、子どものはじけるような学ぶ喜び、わくわくするような探究の楽しさを教師自身も子どもと分かち合い、共に新しい世界を広げながら、知恵と創造性を育んでいく学習の在り方を勧めている。

　子どもの生活に根差した「生活と学問の一体化」を重視し、子ども同士の創造的な遊びや自然の中での遊び、家庭や地域社会での触れ合い等、身近な地域社会における生活体験の全てが貴重な学びであることを強調している。そこでの直接体験、直接観察によって感じる子どもの直観は、子どもの学びや生き方の出発点となるのである。

　児童期における子どもの学びの計画を立てる際、子どもが生活体験の中で実際に見たり、聞いたり、感じたり等の触発を受けて直観したことと学習や学問とを結びつけることで、子どもは学びを自分ごととして捉え、興味や関心を持って取り組めるのである。

　そこで、教師は、日頃から子どもの話に耳を傾け、子どもの思いや願い、疑問に感じていること等を受け止め、そのことを学びの目標や内容と関連付け、子どもに問いかけることで、子どもの生活体験と学習及び学問とを結びつけるのである。

　その上で、創立者が、「疑問を感じたり、理解できない事柄に出くわした時、積極的に質問することはもとより、自分の力でいろいろ調べたり、学び方を身

につけることが、知識の宝庫を開く鍵になると言える。[12]」と、学び方を学ぶことを述べているように、子どもが自分で調べたり、質問したり、表現したりする等、積極的に探究する場を設定するのである。

　創立者は、トインビー対談の中で、理性と直観について論及している。「理性は自ら何かを創造することはできず、事象を創造的に洞察するには直観智によらなければなりません。[13]」と人間精神の創造活動における直観の意義について語っている。しかし、直観は多分に主観的で一歩誤れば独善となるため、直観が覚知したものが果たして正しいかどうかについては、理性的認識によって検証される必要があることを述べ、理性と直観とが互いに補完する「直感的理性」「理性的直観」の必要性について提起している。

　子どもの生活経験における直観は学びにとって重要である。しかし、直観は多分に主観的となるため、子どもにとってせっかく直観したことが、間違った認識や偏った認識で終わってしまうことが多々ある。そこで、子どもが自分の直観したことを理性的認識によって検証するためには、「対話に基づく教育」が必要になってくる。互いの意見や考えをただ主張するのではなく、その理由や根拠を示し、矛盾や対立、葛藤する点を見出し、客観的に理由や根拠を検証する対話を通して、知識を結びつけるのみならず、お互いの考えを結びつけ、事象の背景や原因を考究し、物事を再認識したりすることを学びの場において設定することが求められる。

　対話では、「内なる対話」と「外なる対話」の両方が必要である。子どもにとって、自分の意見の背景となる理由や根拠をじっくり考えたり、お互いの意見を振り返ったり、そこから自分の考えを再構築したりする時間が必要であり、「内なる対話」を通して「外なる対話」へとつなげていくのである。

　創立者は、知識は知恵に入る門であり、知恵を湧かせるためには、物事の正しい認識と、広範な知識は必要としている。しかし、知識は知恵そのものではなく、それだけでは価値を生み、幸福を生むとは限らず、知識を使いこなし生かしきっていくのは知恵の力であると論及している。つまり、知識

がよりよき価値と結びつき、その価値を創造する人が知恵ある人なのである。価値を創造する上でも、「対話の教育」が必要であり、知識が、自分や全ての人々とどのようなつながりを持つのか問い直し、そして、人間の幸福やよりよく生きるための価値と結びつけていくことが求められるのである。

　創立者は、物事の見方が大事であり、同じものを見たとしても、内面の進歩、境涯の深化によって、全く見え方が異なることを述べている。貪欲やエゴに曇った眼で見るのか、それとも生命尊厳の生き方や自他共の幸福の実現という使命感を根本に、現実の民衆の苦悩の打開に尽くし、知性、理性、良心、智慧、慈悲を磨きながら、高い倫理性も一段と開発していける見方へと引き上げるのか、その見方の根源となる人間観、生命観が問われることに論及している。そして、「内省的な眼差し」を通して、自分自身の生き方を見直し、「他者への働きかけ」を行う往還作業によって、人類益に貢献できる人格を培うのである。

　しかし、子どもが、学びを通して自分の生き方や物事の見方を振り返る際、教師や大人の価値を押しつけることではなく、子どもが価値を創造できるようにすることが必要であり、そのためにも「対話の教育」が必要である。知識が、自分や全ての人々とどのようなつながりを持つのか問い直し、考察し、そして、人間の幸福やよりよく生きるための価値へと知識を結びつけていくことが求められるのである。

　「世界の中の自分」「人類の一体性」の自覚を培った世界市民の行動の舞台について、創立者は、「自分たちのできること」を「足元の地域」から始めることを強調している。具体的には、地域に住む人々と触れ合いながらリサイクル活動のように何か社会に還元できる達成感のある活動や、緑化活動や自然保護のような建設的な活動に共同で取り組む中で、心身のバランスのとれた子どもが育成されると例示している。

　「〝地域で行動する〟ことは、〝地球的に考え、発想していく〟ための出発点となり、基盤となるものです。この〝地域〟と〝世界〟の往還作業こそが、

一つの大切なポイントであると考えます。[14]」と、人々の幸福のために貢献しゆく崇高なる〝人類意識〟を、身近な生活の場で具体的な実践を通して広げていくのである。

　そして、創立者が、対話と交流を重視してきたように、地域を通しての学びや活動を、他の地域の子どもや、更には国を超えた世界の子どもと、対話と交流で広げる場を学びの計画に設定することによって、子どもが、互いに伝え合う喜びを感じたり、多様性を通して学び合ったり、新たな価値を創造したりできるようにしていくのである。そうした誠実な対話と交流を繰り広げることが、偏狭な視点や感情の超克を可能にし、友好を築いていくのである。確かな足場を最も身近な地域に置き、対話と交流を通して、世界を視野に「人類益」「地球益」を共に考えて行動していくことによって、子どもが世界市民としての具体的な貢献に取り組むことが可能となるのである。そして、世界市民教育の連帯を広げることで、子どもが世界の平和と繁栄を築いていくことに寄与する力となるのである。

5. 世界市民教育の展開における４つのステップ

　これまで論述してきたことの具現化として、創立者は 2016 年の SGI 提言[15]において、世界市民教育の展開における４つの柱からなるステップを紹介している。

①自分を取り巻く社会の問題や世界が直面する課題の現状を知り、学ぶ。
②学びを通して培った、人生の座標軸と照らし合わせながら、日々の生き方を見直す。
③自分自身に具わる限りない可能性を引き出すためのエンパワーメント。
④自分たちが生活の足場としている地域において、具体的な行動に踏み出し、一人一人が主役となって時代変革の万波を起こすリーダーシップの

発揮。

　世界市民教育の教育方法を考察する上での手掛かりとなるモデルである。

6. おわりに

　世界市民教育の教育方法を考察する際、「世界市民」として「郷民」「国民」「世界民（世界市民）」という３つの自覚を併せ持つことは、子どもが日常生活に根差したローカルな問題とグローバルな問題を結び付けるための足がかりとなる。

　身近な地域に軸足を置き、地域における人や社会、自然等を深く観察していけば、自（おの）ずと一つ一つの事象の中に、より広い世界との〝つながり〟を認識するようになり、ひいてはグローバルな視野を身につけることにつながっていく。そして、世界と自分との関係性を知ることで、より自分自身も知ることができるのである。

　そのためには、まずはじめに「生活と学問の一体化」によって、身近な地域社会での子どもの生活体験と学びを結びつける視点をもつことである。子ども同士の創造的な遊びや自然の中での遊び、家庭や地域社会での触れ合い等、直接体験、直接観察によって感じる子どもの直観は、子どもの学びや生き方の起点となる。そこでの、子どもの気づきや疑問、思いや願いを学びと連動させていくことで、子どもは学びを自分ごととして捉え、興味や関心を持って探究することができるのである。

　教師と子ども、子ども同士の「対話の教育」を通して、子どもが持っている雑然とした知識を結びつけ、価値を創造し、知識を知恵に変えていくことは重要である。その知恵が、子どもの生きていく力の源泉となるのである。

　また、人や社会、文化や自然との交流による触発は、子どもの心を震わせ、知識のみならず、瑞々しい生命感覚を培った創造性を育むとともに、人や自

然との「共生」を奏でゆく人格を形成していくことにつながるのである。この地域の人や社会、自然に愛着をもち、郷土として愛する心は、そのまま「開かれた心」をもって世界を愛するグローバルな心にも通じていくのである。

　世界市民の活動の場は、今いる足元が出発点であり、ローカルな問題とグローバルな問題との関係性を見いだし、「人類益」「地球益」を視野にした確かな行動を起こす場となる。身近なことから始めた小さな貢献が、地域及び世界に連帯が広がることで、「平和な文化」を築くことができるのである。

　池田教育思想研究の範囲は広大かつ奥行きが深く、筆者は未だ研究途上で力不足を自覚している次第であるが、今後の議論の一助となることを期して研究試論の執筆に至ったことを申し上げ、本稿の結びとする。

【参考文献】

(1) UNESCO "Global Citizenship Education — Preparing learners for the challenges of the 21st century", UNESCO, 2014.

(2) 池田大作『新・人間革命』第7巻「文化の華」、聖教新聞社、2000年、9頁。

(3) 池田大作「「地球市民」教育への一考察」コロンビア大学ティーチャーズ・カレッジでの講演（1996年6月13日）、『池田大作全集』第101巻、聖教新聞社、2011年、420～421頁。

(4) 池田大作『21世紀の教育と人間を語る』第三文明社、1997年、206頁。

(5) 池田大作「教育の目指すべき道――私の所感」『池田大作全集』第1巻、聖教新聞社、1988年、511頁。（初出：「聖教新聞」1984年8月25日付）

(6) 池田大作「教育提言「教育のための社会」目指して」『池田大作全集』第101巻、聖教新聞社、2011年、326頁。（初出：「聖教新聞」2000年9月29・30日付）

(7) 池田大作「教育提言　教育力の復権へ　内なる「精神性」の輝きを」『池田大作全集』第101巻、聖教新聞社、2011年、362頁。（初出：「聖教新聞」2001年1月9日付）

(8) 池田大作、A・アタイデ『二十一世紀の人権を語る』『池田大作全集』第104巻収録、聖教新聞社、2000年、489頁。

(9) 前掲「「地球市民」教育への一考察」『池田大作全集』第101巻、425頁。

(10) 池田大作「牧口初代会長生誕141周年記念提言　持続可能な地球社会への大道」、「聖教新聞」2012年6月5日付。

(11) 『牧口常三郎全集』第7巻、第三文明社、1982年、170頁。

(12) 前掲『21世紀の教育と人間を語る』、202頁。

(13) 池田大作、アーノルド・J・トインビー『二十一世紀への対話』『池田大作全集』第3巻収録、聖教新聞社、1991年、58頁。

(14) 池田大作、ジム・ガリソン、ラリー・ヒックマン『人間教育への新しき潮流──デューイと創価教育』第三文明社、2014年、254頁。

(15) 池田大作「第41回「SGIの日」記念提言　「万人の尊厳　平和への大道」」、「聖教新聞」2016年1月26・27日付。

第 2 章

研究活動報告

学生サークル「創価大学四権分立研究会」の研究活動報告

元創価大学通信教育部講師・創価大学四権分立研究会名誉顧問
櫻井啓雅

　近年、創価大学創立者池田大作先生の教育思想は、関心が高い創大生たちにより盛んに研究されている。その一つが、学生サークル「創価大学四権分立研究会」である。

　ここでは、編著者大﨑素史先生のご配慮により、同研究会の学習活動の中から、主要な「四権分立」「教育国連」「教育のための社会」の３つについて、研究ノートの形で基本的な内容のまとめを掲載させていただくこととなった。これらのテーマを初めて学ぶ方々の参考になれば幸いである。

　創価大学四権分立研究会は、2022（令和4）年6月23日に正式に創価大学学友会に認定され、現在自律的に研究が行われているが、その発足のきっかけは私の図書贈呈運動であった。

　私は、創価大学の出身者や教職員を中心とする民間の研究グループである「四権分立研究クラブ」（2013年設立）に2015年から所属し、その出版物である『四権分立の研究─教育権の独立─』（大﨑素史編著）に出会った。

　1973（昭和48）年10月9日、当時、創価大学3年生であった私は、創価大学中央体育館において開催された第5回NSA（現在のアメリカSGI）学生部総会に出席し、そこで発表された創立者の教育国連構想を拝聴する

機会に恵まれたのである。教師を目指していた私は、その構成員として「教育の現場にたずさわる教師」と聞いた瞬間、雷に打たれたような感動を覚え、その後もほぼ半世紀にわたって教育国連構想を追い求めていたのであるが、この本には、そのご構想についても書かれていたのだ。

　私は『四権分立の研究』が、創立者の教育に関するご構想を研究し実践するためにとても重要な書籍であると確信した。そして、一人でも多くの志ある創大生がこの本を読み、創立者の教育に関するご構想を知ってほしい、できれば実践してほしいと思うようになり、贈呈を行うようになった。

　その後、2016 年頃から、本を贈呈した学生を中心としたネットワークの必要性を感じ、TWT（Team Weak Ties）「緩やかな繋がりチーム」を結成し、100 人を超える LINE グループによる情報交換や対面での学習会等を開催するようになった。

　2019（令和 2）年 5 月 12 日、創価大学で開催された「教育のための社会」国際シンポジウムにおいて、研究をしていた学生たちに分科会の一つが任せられた。なお、このシンポジウムは、1969（昭和 44）年 6 月 9 日発刊の『潮』7 月号に発表された四権分立構想の原稿執筆完了日である 5 月 13 日から 50 周年を迎える佳節を記念して、四権分立研究クラブが主催したものである。

　また、私自身、2020 年の通信教育部のスクーリング授業である「共通総合演習」において、＜創立者が提唱された「四権分立」についての研究をまとめた『四権分立の研究―教育権の独立―』に学ぶ＞をテーマに、学生の協力のもと講義を行った。この授業については、大﨑素史先生に、「創価大学開学以来初の『四権分立の授業』である」と言っていただく光栄に浴した。もちろん、テキストは上掲の本である。（同じく 2021 年も実施）

　また、2021（令和 3）年 6 月 5 日には、創価大学創立 50 周年記念行事（公式イベント）の一環として、「『教育のための社会』シンポジウム」（タイトル：教育のための地球社会へ 2021―実践と研究のネットワークを作ろう―）がオンラ

インで開催され、学生による発表も行われた。

　さらに、同時期には、学生たちの発案による「第1回日本教育者サミット」もオンライン開催されたが、入学間もない多くの学生が参加して、司会やファシリテーター（進行促進役）を担当するなど、積極的に関わった。

　上記のような黎明期を経て、「日本教育者サミット」に関わった学生を中心に、2021年7月24日より創価大学四権分立研究会の活動が開始された。最初から学生主体で、まさに緩やかに集まり、アイスクリームやお菓子を食べながら懇談することから始まったが、次第に『四権分立の研究―教育権の独立―』の本を、分担を決めて、皆で学び合おうということになった。以来、ゲストを交えながら、研究を積み重ね、2023年3月現在で57回の部員会を開催し、大学や学生自治会、学友会等にもその存在を認めていただくことになったものである。

　今後、この学生の集いが、さらに自主的、自律的に発展し、生涯をかけて創立者の教育思想を研究・実践し、ひいては、世界の言論の潮流をも動かしうる人物を多数輩出していくことを願ってやまない。

研究会主催の研修会の様子（2023.3.11）

研究ノート①
「四権分立」の概要

創価大学四権分立研究会
長利美留・林 香苗

1. はじめに

　創価大学四権分立研究会は、これまで四権分立研究クラブの代表である創価大学名誉教授・東日本国際大学教授の大﨑素史先生編著の『四権分立の研究─教育権の独立─』を中心教材とし、学生同士で研鑽を行ってきた。その中から、創価大学創立者池田大作先生（以下、池田先生）が提唱された「四権分立」の概要をまとめた。

2. 四権分立の提唱

　四権分立は、1969（昭和44）年に月刊誌『潮』7月号において、池田創価学会会長（当時）が「大学革命について」と題して、今後の教育のあり方について述べた文中で提唱された。

　　最後に、大学、ひいては教育の再建のために、政治と教育のあり方について、一言、申し述べたい。
　　それは、現在の政界の一部には、政治権力の介入によって大学の再建を図ろうとする動きがあるようだが、それでは、さらに火に油を注ぐこ

とにしかなるまい。真の解決策は、むしろ教育の尊厳を認め、政治から独立することに求めなければならないと思う。

　本来、教育は、次代の人間と文化を創る厳粛な事業である。したがって、時の政治権力によって左右されることのない、確固たる自立性をもつべきである。その意味から、私は、これまでの立法、司法、行政の三権に、教育を加え、四権分立案を提唱しておきたい。（「大学革命について」、月刊誌『潮』1969年7月号、執筆は同年5月13日付）

　池田先生が、上記の教育のあり方について述べた際に、特に重要視されていたキーワードとして、「教育の尊厳を認め、政治から独立する」「政治権力によって左右されることのない、確固たる自立性」が挙げられる。

　この後も、池田先生は、対談や著書などで、たびたび四権分立や教育権の独立を述べているが、その主要なポイントをさらに抽出すると、次のようになると考えられる。

① 四権分立とは、立法、行政、司法の三権から教育権を独立させる構想である。
② 提案の理由は、政治主導型の教育がもたらす弊害や歪みを取り除くためである。
③ 四権分立案の根本のねらいは、教育の自主性・自立性を保障することである。
④ 教育とは、幼・小・中・高・大学等のすべての学校教育、家庭教育、及び社会教育などの意味が含まれる。
⑤ 教育権独立に向けた具体案として「教育国連」の創設、及び「教育センター」の設置を併せて提案した。

3. 四権分立提唱の背景

　では、この提唱の時代的背景はいかなるものであったのか。

　1969年1月～6月は、大学紛争が国内の至る所で勃発している時期であった。大学紛争とは、昭和40年代初期から始まった学生による大学当局への抵抗及び抗議と両者間における衝突のことを指す（大﨑 2014）。1960（昭和35）年に、池田勇人内閣が所得倍増計画を立て、それを具現化するために教育界では理工系の知識や技術を有する人材が求められた。そのため、大学では理工学系学部の創設や増設、さらに入学定員の増加が行われたが、結果として大学は財政難に陥り、授業料を値上げせざるを得なかった。その授業料値上げに対して、学生は大学との交渉を求めていたが、大学が出した応えは機動隊の投入であった（清弘8ミリフィルム 2017）。学生は、この対応に怒り、1968（昭和43）年に学生が大学封鎖を行う日大紛争が起こった。

　日大紛争に引き続き、1969年1月には、医学部学生の無給での教授への奉仕に抗議して、東京大学安田講堂で学生が武器や劇薬を持って立てこもり、機動隊と激しい闘争を繰り広げた。この東大安田講堂で、当時の社会システムに不満を覚えていた機動隊員は次のように述べている（清弘8ミリフィルム 2017）。「政治や行政の問題だ。それがしっかりしてればこんな事は起きない」、「もし学生運動があっても有効な手が打てれば、こんな大騒ぎになる必要はなかった。気が付いたら学生が悪者になっていた」。このことから、学生だけでなく、機動隊員までもが既存の政治に憤りを覚えていたことが分かる。さらに、昭和40年代前半には天皇への敬愛の念を示した愛国心教育が主張される等、社会や国家のための教育が求められていたことが推測される。

　以上のような歴史的背景から、池田先生が四権分立を提唱した昭和40年代前半は、学生の要求が尊重されず、国家の政治主導による教育改革

が行われていたことが考えられる。このような歴史的背景の中で、池田先生は、教育権を既存の三権から独立させ、政治権力に左右されない教育を目指した「四権分立」を提唱したのである。

4. 教育権の分類と教育権独立の諸提唱

大﨑先生は、前述の著書『四権分立の研究』の中で、教育権の分類と教育権独立の諸提唱について次の7つに整理されている（大﨑 2014）。

すなわち、①教育を受ける権利としての教育権、②親の教育権、③国民の教育権、④教員の教育権、⑤国家の教育権、⑥総合的教育権、⑦権限（権能）としての教育権である。

大﨑先生は、池田先生が提唱した第四権としての教育権の独立とは、これらに属さず、制度上のことがらであると述べている。

大﨑先生は、続いて池田先生が提唱する前に掲げられた制度上の教育権独立の諸説を紹介されている。

① 田中耕太郎による教育権独立説
② 宗像誠也による中央教育行政独立説
③ 上原専禄の教育権の独立機構説
④ 亀井勝一郎の教育院構想
⑤ 槌田龍太郎による四権分立説

以上の教育権独立や四権分立説は、あくまでも代表的なものであり、上記以外にも多くの学者等が教育権の独立を提唱している。当時の時代背景の中で、教育が政治に侵されないようにするためにどうしたらよいかということが、時代の一つのテーマであったのであろう。

ただし、大﨑先生の口頭でのご指導（2022年10月）によれば、「池田

先生による教育権独立、四権分立の思想については、他の教育学説と異なり、その根本となる教育思想、人間観、社会観が深く、一貫していることに特徴がある。したがって、用語の使用の先後や、提案のオリジナリティの有無は特に問題ではない。私たちは、単なる社会システムの研究ではなく、この思想の根本の理解やその実現にこそ思いを致すべきである。」と述べておられる。この点に関して、『四権分立の研究』（22～26頁）の「3. 池田SGI会長が提唱した第四権としての教育権の意義」を参照されるとよい。

　また、大﨑先生は、同書の中で、池田先生の提唱における教育権の意義についても、5点にわたり述べておられる。

5. 他の提案との関連性

　本項では、池田先生による、教育権独立に向けた2つの具体的な提案について述べる。

　一つ目は、「教育国連」創設の提案である。1973（昭和48）年10月9日に、池田創価学会会長（当時）は、創価大学で開催された第5回NSA（現在のアメリカSGI）学生部総会へメッセージを寄せた。その中に「教育国連」の創設が提唱されたのである。

　詳細は、このことをテーマとした次の研究ノート②に譲るが、いずれにしても、世界規模での「四権分立」にかかる思想の実現を目指したものであると言うことができるのではないか。

　二つ目は、「教育センター」である。これは、池田先生の2000（平成12）年の教育提言「『教育のための社会』目指して」でその設置を提案されたものである。教育センターは、教育権独立を確保し、政治的圧力を受けない独立機関として構想されている。前述した教育国連は、世界的規模での実現を理想としているが、教育センターはまずは国内での実現を目指しているといえる。そして、日本が教育センターの設置を通し、「教育権の独立」

という新たな潮流を世界規模で高めることができれば、「教育立国」という日本の新しいアイデンティティ確立につながるであろう、としている。

上記のほか、池田先生は、時代や相手に応じて、「世界大学総長会議」「学生自治会会議」「世界教育者会議」「二十一世紀教育宣言」「世界教育者サミット」「世界市民教育」そして「教育のための社会」（研究ノート③参照）などの具体的な提案もされている。

以上のような提案については、その構成員まで言及されているものもあるが、今後、学脈を受け継ぐ者たちを中心に、その実現に向け、さらに考察していく必要がある。

6. 関連研究

『四権分立の研究』には、四権分立に関する関連研究も収録されている。一つは、戦後間もない占領下の沖縄において「教育税」が施行された事実をもとに、教育の独立とその財政上の独立について考察した先行研究「返還前の沖縄の教育税制度研究―『教育の自主性』のための教育委員会制度と予算編成権―」（横山光子 2014）である。この研究では、日本の地方自治体における教育委員会制度の財政的隷属性（れいぞく）が、教育の発展を阻（はば）んでいる可能性があるとし、教育税制度など教育の財政上の独立の必要性が今後の研究課題であるとしている。また、「四権分立の可能性―日本とコスタリカ共和国の制度の比較を通じて―」（石坂広樹 2014）も、今後の世界的な展開を考える上で興味深い。

なお、四権分立については、国家体制の変革に関する部分があるため、一種の政治思想や革命思想と誤解される危険性があるが、上記のとおり、人間の尊厳に基づいた平和思想である。したがって、これをいわば原理主義的に解釈すべきではない。多様な背景を持った国家や集団が存在する国際社会において、この平和思想をもとにした様々な表現があってよいのでは

ないだろうか。

　池田先生が、平和を希求しつつも一種の閉塞感というべきものが漂う国際社会に向けて、人類が進むべき道を教育の観点から指し示されたものであると考える。

　最後に、池田先生は、小説『新・人間革命』第14巻「智勇」の章で、四権分立に関する当時の時代、内容、学生の反応などを自ら執筆されていることも紹介させていただく。

7. おわりに

　本項を創価大学四権分立研究会が執筆できるまでに至ったのは、四権分立研究クラブ代表者の大﨑素史先生をはじめとする四権分立研究クラブの皆様、創価大学四権分立研究会名誉顧問の櫻井啓雅先生のご指導とご支援のおかげにほかならない。そして、日頃から創価大学四権分立研究会のために、研鑽資料や助言等、様々な形でご協力くださった方々、また、本項を最後まで読み進めてくださった全ての方々に対して、心より感謝するとともに、今後の創価大学四権分立研究会の進展をここにお誓い申し上げる。

【参考文献】

池田大作「大学革命について」『池田大作全集』第19巻、聖教新聞社、1990年（初出：『潮』1969年7月号、潮出版社）。

清弘8ミリフィルム「世紀の事件簿　東大安田講堂攻防戦」（2017.1.22）https://youtu.be/zoWRtxombjw（閲覧日：2022年6月30日）。

大﨑素史編著『四権分立の研究―教育権の独立―』第三文明社、2014年。

池田大作『新・人間革命』第14巻「智勇」、聖教新聞社、2005年。

池田大作「教育提言「教育のための社会」目指して」『池田大作全集』第101巻、聖教新聞社、2011年（初出：「聖教新聞」2000年9月29・30日付）。

研究ノート②
「教育国連」の概要

創価大学四権分立研究会
今村風月・御法川 海

1. はじめに

　「教育国連」とは、創価大学創立者・池田大作先生（以下、池田先生）によって提唱された国際組織である。

　これは、立法、司法、行政に加え、新たな第四権として「教育権」を独立させ、政治権力などに左右されることのない制度の提唱である「四権分立」を、世界規模で実現させるための具体的な構想の一つである。

2. 教育国連の提唱

　最初の提言は、1973（昭和48）年10月9日に創価大学で開催された第5回NSA（現在のアメリカSGI）学生部総会へのメッセージである。

　　私はかつて、立法、司法、行政の三権に、教育権を加え、その四権を独立させるべきであると主張いたしました。教育は一個の人間をつくりあげる重要な作業であり、生命の絶対尊厳を教えていくのも教育の使命であります。それには政治的権力によって左右されるものであってはならない。教育や科学、文化における国際協力を推進する機関とし

ては、ユネスコ（国連教育科学文化機関）があり、平和構築をその理想として掲げてはいるが、既存の国家的力によってつくられたものであるため、国連と同様、政治的な影響をうけざるをえない状況にあります。

　したがって私は、教育権の独立を、全世界的次元で具体化し、いかなる権力にも左右されない、平和教育機関をつくることが先決であると考えるのであります。それには、教育の現場にたずさわる教師、また家庭教育の責任者である父母、さらには、教育を受ける立場にあり、また先輩の立場にもある諸君たち学生、それに学識経験者も加えて、仮称「教育国連」をつくり、それをもって真実の世界平和を実現し、国際間のあらゆる平和協力の実を上げるようにしていってはどうか、そしてそれには、日本の学生部の諸君が含まれるのは当然でありますが、なかんずく、米国の学生諸君が先駆けとなってはどうか、と訴えたいのであります。

（「池田会長からのメッセージ」、『大学新報』1973 年 10 月 16 日付に掲載。
　『池田大作講演集』第 6 巻、聖教新聞社、1976 年、217 〜 218 頁）

続いて、主なスピーチや識者への対談から抜粋する。
中には、教育国連の構成者について語っている部分もある。

　次に訪れたニューオーリンズ大学でもヒット総長と「教育国連」構想、さらにはその前段階として、世界の大学を結ぶ「世界大学総長会議」や学生の連合である「学生自治会会議」を開催することを話しあい、意見の一致をみました。

　このことは、後に訪れたカリフォルニア大学ロサンゼルス校のミラー副総長との対話においてもテーマにのぼり、教育交流を中心として世界平和に寄与していくことを、強い共感をもって確認しあったしだいであります。（中略）

私は、私の信念として、諸君のためには、いかなる労苦も惜しまず、新しき世界への道を開いてまいりたいと思っております。私が、世界の人々のなかを駆けめぐるその胸中には、つねに大切な、そして心より信頼する諸君の存在があることを知っていただきたいのであります（拍手）。どうか、諸君は、〝点〟と〝点〟とを線で結び、さらに、それを壮大な立体とした世界の平和像をつくりあげていってほしいのであります。これは、私の諸君に対する遺言と思ってください。お願いします。（拍手）

　「教育国連」の発想は、国際政治による平和への努力が空転し、行き詰まっている現代にあって、それを教育の力で真実の世界平和を勝ちとるための、最後の、そして確かな切り札であると、私は思っているのであります。そのために「世界大学総長会議」を提案してきたし、学生諸君が平和へ立ちあがるために「学生自治会会議」の提案も行ってきたわけであります。これらは私一人ではとうていできないし、やがての時代、諸君たちがその実現に努力してほしいのであります。

（創価大学第4回入学式講演、1974〈昭和49〉年4月18日、
『池田大作全集』第59巻、聖教新聞社、1996年、52〜54頁）

　教育こそ、文化の原動力であり、人間形成の根幹をなすものです。したがって、教育は、国家権力からも独立した、独自の立場で組織され、学問的にも追究されるものでなければならないと信じます。

　そうした意味で私は、新たな概念と価値観をもって教育権の独立という構想を唱えてきたしだいです。

　さらに、世界各国から教師、父母、学生、学識経験者が集まって「教育国連」をつくり、人類的視野にたった教育の実現を図るべきである、と提案しております。

　教育が、どこまでも人間を対象とし、しかも多くが、未来を担う青少年の動向を決定するものであるだけに、それにたずさわるあらゆる機関

も教師もあふれるばかりの情熱と、確固とした教育理念をもっていなければならないでしょう。そして教育理念とは、まずなによりも、人間に対する徹底して深い洞察と理解、そして愛情がその根幹となるべきものといえます。

　その原点を踏みはずしていては、いかなる教育技術も、制度も、ビジョンも、砂上の楼閣に帰するしかないと思います。

（松下幸之助／池田大作『人生問答』（下）、潮出版社、1975年、

『池田大作全集』第 8 巻、聖教新聞社、1993 年、457 ～ 458 頁）

　これまで私は様々な機会に、数多くの提言を行ってまいりました。核兵器廃絶への様々な具体策、「核戦争防止センター」設置構想、「世界不戦宣言」案、「教育国連」・「環境国連」構想、「国連を守る世界市民の会」設置案等々、更に昨年はアジア・太平洋時代を見すえ「アジア・太平洋平和文化機構」の構想を提示いたしました。私の構想する研究センターで、これらの提案の具体化への研究も併せて進めていただければと思うものであります。

（第 12 回「SGI の日」記念提言、1987 年、

『池田大作全集』第 1 巻、聖教新聞社、1988年、223 頁）

　平和教育といっても、現実の公教育にあっては、往々にして平和の価値よりも軍備拡張に結びついた国益が重視されているという状況があります。ゆえに、教育を政治権力から切り離し、平和のために国際的視野・基盤から教育を行おうという仮称「教育国連」の構想を提唱してまいりました。

　これは教育者、父母、学生、学識経験者をもって「教育国連」を構成し、諸国民の偏見、敵意、差別を取り除き、平和な二十一世紀の世界を築くため、全世界の青少年に教育を実施しようとするものであります。

（池田大作／ H・A・キッシンジャー『「平和」と「人生」と「哲学」を語る』、
潮出版社、1987年、
『池田大作全集』第102巻、聖教新聞社、2003年、305～306頁）

　私はかねてから、従来の司法・行政・立法の三権分立というシステムから教育権を独立する「四権分立的」発想に立った「教育国連」設立の構想を主張してきました。

　従来、国連は主権国家の利益が衝突する弊害にさらされてきました。

　しかし、教育事業は、人権の世紀を築くための根本的な事業であり、国家利益に従属したものであってはならない。私は、「世界人権宣言」の精神を現実のものにしていくために、「人類益」という立場を根本とした「教育国連」の必要性を主張してきました。

　二つの世界大戦を経験し、多くの地域紛争のなかで、あらゆる悲惨を見てきた私たちが、未来の世代のためになさねばならない最大の事業こそ、「教育を受ける権利」の実現だからです。

（池田大作／ A・アタイデ『二十一世紀の人権を語る』、潮出版社、1995年、
『池田大作全集』第104巻、聖教新聞社、2000年、498頁）

　ともあれ、自由な精神こそ、教育の生命です。ゆえに、私は、「教育権の独立」を、一貫して提唱してきました。「立法権」「行政権」「司法権」の三権に、新たに「教育権」を加えた「四権分立」です。

　またSGI提言などで、繰り返し「教育国連」の創設を訴えてきました。それも政治的な思惑や国家の恣意的な利害に左右されない、グローバルな教育基盤の確立が必要であると考えてきたからです。健全な教育や思想の発達のためには、「学問の自由」をはじめとする「教育の独立」が不可欠です。

　（池田大作／張鏡湖『教育と文化の王道』、第三文明社、2010年、216頁）

これらの発言は、四権分立構想の延長線上にあり、どこまでも「人間」の二字を根本とした平和提言であると考えられる。

3. 教育国連構想の要点

上記2の引用部分に共通する教育国連構想の要点と考えられる項目を整理してみた。

①世界平和への精神的砦を人々の心に築くための、
　教育に関する国際的な連合組織
②教育権の独立を、全世界的次元で具体化した、
　いかなる権力にも左右されない平和教育機関
③教育者、父母、学生、学識経験者などで構成される
④「四権分立」構想を基盤とした構想の１つ
⑤「人類益」の立場から「世界人権宣言」の精神を
　現実のものにしていくための提案

4. 教育国連構想発表時の時代背景

教育国連構想の発表前後、我が国においては次の３点の問題が巻き起こっていた。

１点目は、大学紛争である。これは、研究ノート①に掲載されていることから、ここでは割愛する。

２点目は、大学以外の学校教育が、「デモ・シカ教師」と「落ちこぼれ教育」というようにマス・コミに造語されてしまうほど、産業経済第一主義の影響を受けていたことである。まず「デモ・シカ教師」とは、当時の教育学部生

が、他学部と比して希望の就職先にありつけないことから、妥協で教員を志望しているという問題である。次に「落ちこぼれ教育」とは、「七・五・三教育」とも呼ばれる。当時の日本では、大国に追いつくために、科学的知識・技術教育が推奨され、具体的な国家的な施策として、1968（昭和43）年からの小学校、中学校、高等学校の学習指導要領にその教育方針が顕著に取り入れられた。これによる学習内容の高度化と難化で、時間的な余裕もなく、究極的には小学生の30%、中学生の50%、高校生の70%が落ちこぼれてしまうといわれ、社会問題となった。これをマスコミが「七・五・三教育」と名付け、揶揄する事態となった。この現象は、いわゆる「ゆとり教育」の創設・導入まで続いてしまった。

　3点目に、世界的に戦争が勃発していたことも挙げられる。特にベトナム戦争は様々な悲劇を生んだ。この戦争勃発当時、沖縄の米軍基地等から軍用機が飛んで、軍艦が出港するとともに、死傷兵を数多く迎え入れていた。この戦争の様子をマス・コミなどを通して観た者は、衝撃と悲しみを覚え、世界中で反戦運動が展開されていた。

　以上のような時代背景の中、類似した惨劇を二度と引き起こさせない想いから、時代に左右されない普遍的かつ地球の恒久的平和の実現のために、「教育国連」構想が誕生した。

5. 現在の国際機関や事業について

（1）ユネスコ

　ユネスコ（UNESCO）とは、諸国民の教育、科学、文化の協力と交流を通じて、国際平和と人類の福祉の促進を目的とした国際連合の専門機関である。

　ユネスコの2050採択（REIMAGINING OUR FUTURES TOGETHER A new social contract for education）では、平和な世界と持続可能な未

来を形成するには、教育そのものから変革しなければならないと述べている。また、「我々は、生命や文化と社会空間の差異を通して行われる教育の機会を楽しみ、拡大するべきである」や「大学やその他の高等教育機関は、様々な面での教育のための新しい社会契約を創造する活動をしなければならない」、そして「誰もが教育の未来を創造する一員として参加する必要がある」とも述べている。

(2) OECD

　OECD（経済協力開発機構）は、38カ国1900名を超える専門家を抱える世界最大のシンク・タンクであり、経済・社会の幅広い分野において多岐にわたる活動を行っている国際機関である。

　そのプロジェクトの一つである「OECD Future of Education and Skills 2030プロジェクト（Education 2030プロジェクト）」では、30以上の国々から政策立案者・研究者・校長・生徒・学生・教育関係者・財団・民間組織・団体などが結集され、多様な利害関係者同士での対話により、「2030年に望まれる社会のビジョン」や「そのビジョンを実現する主体として求められる生徒像とコンピテンシー（資質・能力）」を作成した。さらに、コンピテンシーの育成やカリキュラムが、現場において効果的に行われるための方法・手段として、カリキュラム改定と連動して改定される教授法・評価法や教員養成・教員研修などについても、マルチな利害関係者同士で議論を重ねている。マルチなステークホルダーの人間同士で、教育について語り合うこのプロジェクトの形態は、「教育国連」構想に通じるものがあると考える。

　上記のように、国際機関やその事業は、教育を重視した平和を希求し、通底する部分もあると考えられるが、一部の国家の代表であったり、政治の影響を受けやすい体質は残ったりするなど、教育国連構想の理想にはいまだ

届いていないとみるべきだろう。

6. まとめと今後の研究課題

　今後の研究課題としては、「教育国連」とこの構想に付随する四権分立構想の一案である教育センター（仮称）の具体化を進め、世界の識者と議論し、練り上げてコンセンサスが得られるようにし、実現に向けて着実に前進していくことがあげられる。

　加えて、日本・アメリカの創価大学、さらには、大﨑素史先生が研究会長をされている東日本国際大学東洋思想研究所池田大作思想研究会などが中核となり、世界各国にできている「池田大作思想研究所」等との学術交流を進めるとともに、その連合体・学術機関ネットワークを作って、国連をはじめ様々な国際機関との連携により、教育国連の実現を図っていくことが考えられる。

　最後に、本件執筆に携（たずさ）われたのは、四権分立研究クラブ代表者の大﨑素史先生並びに四権分立研究クラブの皆様、創価大学四権分立研究会名誉顧問の櫻井啓雅先生の深淵なご指導・ご協力があったればこそである。ここに感謝の意を表したい。

研究ノート③
「教育のための社会」の概要

創価大学四権分立研究会
桃原清矢・今野美紅

1. はじめに

「教育のための社会」とは、創価大学創立者・池田大作先生（以下、池田先生）が、2000（平成12）年9月29、30日付の聖教新聞紙上に発表した教育提言「『教育のための社会』目指して」において初めて紹介された概念である。

その後も、識者との対談集などで教育や社会を論じる際に、「社会のための教育」と比較して度々提示されている。

すなわち、池田先生の教育思想を語る際に欠かせない概念の一つであるということができる。

2. 具体的な内容

まず、具体的な提言や発言の内容を引用により確認する。

　そこで、私は、二十一世紀の教育を考えるにあたり「社会のための教育」から「教育のための社会」へというパラダイムの転換が急務ではないかと、訴えておきたいのであります。

「教育のための社会」というパラダイムの着想を、私は、コロンビア
大学宗教学部長のロバート・サーマン博士から得ております。博士とは、
私も何度かお会いし、そのつど深い識見に感銘を受けていますが、博
士は、アメリカSGI（創価学会インタナショナル）の機関紙のインタビュアー
から、社会において教育はいかなる役割を果たすべきかを問われて、こ
う答えております。

　「その設問は誤りであり、むしろ『教育における社会の役割』を問う
べきです。なぜなら、教育が、人間生命の目的であると、私は見てい
るからです」と。

　まさに、卓見であるといってよい。こうした発想は〝人類最初の教
師〟の一人である釈尊の教えに依るところが多いと博士は語っていま
すが、そこには自由な主体である人格は、他の手段とされてはならず、そ
れ自身が目的であるとしたカントの人格哲学にも似た香気が感じられてな
りません。

（教育提言「『教育のための社会』目指して」、『池田大作全集』第101巻、
聖教新聞社、2011年、328頁。初出：「聖教新聞」2000年9月29・
30日付）

　これは、教育を手段視し続けてきた日本社会に対する警鐘の意味を
込め、「社会のための教育」から「教育のための社会」への転換を呼
びかけたものです。子どもたちの幸福という原点に立ち返って教育を回
復させることは、まさに急務といえます。

（教育提言「教育力の復権へ　内なる『精神性』の輝きを」、『池田大作全集』
第101巻、聖教新聞社、2011年、354頁。初出：「聖教新聞」2001
年1月9日付）

　創価学会としても、「教育のための社会」を実現するための挑戦の

一環として、また広く社会に「平和の文化」の土壌を育むという観点から、今後とも粘り強く意識啓発の運動を進めていきたいと思っております。政治でも経済でもない。教育の深さが、社会の未来を決める。そして教育こそが、子どもたちの幸福の礎（いしずえ）になるものです。（同前、378頁）

　私が昔、伝記を書いたことがある、スイスの大教育者ペスタロッチは言う。「私の政治の始めと終りは教育である」（村井実『ペスタロッチーとその時代』玉川大学出版部）

　政治家も、心して教育を支え、教育を守り、教育に尽くしていくべきである。

　経済や環境問題など、社会のさまざまな課題に政治が取り組んでいくのは当然である。しかし、いちばん大事なことは、立派な人間を育てることである。

　人間が立派になり、価値観が高まれば、環境問題をはじめ、あらゆる問題も、必ず、賢明な解決の道を見いだしていけるであろう。

　「人間をつくる」ことが一切の根本である。私が「教育のための社会」への転換をめざして提言を行ってきたのも、そのためである。
（第六回本部幹部会、第二回全国婦人部幹部会、第二回九州総会、第一回中国総会、第一回沖縄総会スピーチ〈2001年5月21日〉、『池田大作全集』第92巻、聖教新聞社、2003年、344～345頁）

　私は、今回の特別総会を、各国のリーダーたちがすべての分野において「子ども第一」「子ども最優先」の原則を貫くことを誓約し、〝子どもたちのための同盟〟を広げていく出発点とすべきであると訴えたい。

　そして、その第一歩として、子どもたちの人権を著しく侵害している、子どもの人身売買や子ども兵士を禁じた「子どもの権利条約」の二つの選択議定書を、各国が批准（ひじゅん）することを強く求めたいと思います。加え

て、特別総会の場か、もしくは近い将来に「世界教育憲章」の採択を目指してはどうかと提案したい。これまでにも、識字教育や初等教育などの基礎教育をすべての国で推進するための「万人のための教育世界宣言」があります。これを発展的に深める形で、教育環境の整備のための国際協力とともに、二十一世紀の教育を展望して、「子どもたちの幸福」を第一義に掲げた「教育のための社会」の理念を柱としながら、世界市民教育、平和教育を地球的規模で実施するための共通規範を打ち立てるべきではないかと考えるのです。

（第27回「SGIの日」記念提言「人間主義——地球文明の夜明け」『池田大作全集』第101巻、聖教新聞社、2011年、314〜315頁。初出:「聖教新聞」2002年1月26日付）

　教育とくに大学教育と国家や社会との関係がどうあるべきかは、まさに、新たな世紀の最大の課題であると、私も常々考えております。〝国家や社会のための教育〟なのか、〝教育のための国家や社会〟なのか——これは、教育のあり方の根幹が問われる問題です。

（V・A・サドーヴニチィとの対談集『新しき人類を　新しき世界を——教育と社会を語る』、『池田大作全集』第113巻収録、聖教新聞社、2011年、167頁）

　「国家」があって、「教育」があるのではなく、「教育」があって「国家」があるのです。教育は「人間」という骨格をつくる。その人間があって、社会があり、産業も行政もある。〝政治・経済が第一で、どこか、その側面か背後に教育がある〟というとらえ方は本末転倒です。

（V・A・サドーヴニチィとの対談集『学は光——文明と教育の未来を語る』、『池田大作全集』第113巻収録、聖教新聞社、2011年、250頁）

前にふれたように、核家族以前に戻れなどというつもりはないにしても、新しい家庭の在り方をどう創造していくか、そして「社会のための教育」から「教育のための社会」への軌道修正を、どう風通しよく行っていくかが、試みられなければならない、と私は信じております。(同前、264頁)

　サドーヴニチィ総長は、東京でお会いした際、永遠の課題であるトライアングルとして、この「国家と教育」、そして「国家と社会」「社会と教育」をあげておられました。それぞれが重要なテーマであり、相互に連関し合っていると思いますが、私なりに整理・要約して、ここでは「社会のための教育」なのか「教育のための社会」なのか、もっとはっきりいえば、教育は「手段」なのか「目的」なのかという観点から、アプローチしてみたいと思うのです。(同前、315頁)

3. 内容のポイント

　上記2で引用した内容に共通すると考えられるポイントを2点挙げ、考察した。

　①教育は社会の手段ではないこと
　②人間を手段化してはならないこと

①教育は社会の手段ではないこと

　日本では、戦前の富国強兵や戦後の高度経済成長など、欧米諸国を目標としてきた。とりわけ、明治維新後の近代化の流れの中では、政治や軍事、経済などを国家の目標とし、学校教育では、それらに貢献できる人材づくりをすることが目指された。池田先生は、こうした流れをくむ現代の日本の教育に対して、「いま、日本の社会にあるものは、経済的繁栄の手段としての文化であるように思われてならない。経済が最優先して、学術、芸

術、教育など人間の文化活動の分野を圧迫しているのが、わが国の悲しい現状ではないでしょうか。これは逆転しなければなりません。人間性豊かな文化社会を築く必要があります」と述べている（文化本部夏季講習会スピーチ、1975年8月13日、『広布第二章の指針』第七巻）。ここで述べられているように、日本では、国家として繁栄するために必要な分野が教育の場で重視される傾向が強いといえる。

　また、池田先生は、現代における教育の目標が、国家の想定する「鋳型（いがた）」にはめ込まれた人材を育成することとなってしまっていると指摘するとともに、国家の目標達成のための教育という捉え方は、改めなければならないとしている（教育提言「『教育のための社会』目指して」、2000年9月29日）。

　さらに、前に引用したロバート・サーマン博士も、社会において教育はいかなる役割を果たすべきかを問われ、「その設問は誤りであり、むしろ『教育における社会の役割』を問うべきです。なぜなら、教育が、人間生命の目的であると、私は見ているからです」と述べている。そして、池田先生も、「教育とは、人間が人間らしくあるための第一義的要因であるはずであり、何ものかの手段となってはいけない」と述べている（同前）。

　つまり、池田先生は一貫して教育を社会の手段としてしまっていることに対し、警鐘を鳴らされているのである。

②人間を手段化してはならないこと

　池田先生は、現代の社会や教育について、人間が国家や社会の手段となっていると指摘している。「現在の教育界は、あたかも、人材の生産部門といってよいものです。戦争をしている軍隊において、兵士たちがほとんど手段となってしまうように、現代の社会は人間を手段化します。教育は、そうした社会の各ポジションにはめこまれうる、そして、そのかぎりで役に立つ人間の養成を分担しているのです」（ルネ・ユイグとの対談集『闇は暁を求めて──美と宗教と人間の再発見』、『池田大作全集』第5巻収録、聖教新聞社、1989年、

205 頁）と述べている。

①で述べたような、教育が社会の手段であるとする考え方は、人間の手段視へと繋がってしまう。社会の手段となった教育の下で育成されるのは、国家に有用な人材だからである。松藤は、人間を手段視する見方に対し、人間を社会の歯車であるとする意識があると指摘している。また、人間一人ひとりの人間としての価値を思いやり、存在そのものを大事にし、尊敬する心が欠けていると述べている。そして、真に子どものための心豊かな人間成長を実現する教育を行うべきと主張している（松藤竹二郎『第三の教育革命 池田大作「教育提言」を読む』毎日ワンズ、2001 年）。

4.「四権分立」と「教育国連」との関係

「教育のための社会」と同じような文脈で「四権分立」と「教育国連」の提案がなされているが、これらはどのような関係にあるのだろうか。

結論から言えば、「教育のための社会」は、これら 2 つの構想を実現するための基盤となる概念や思想であるのではないか。つまり、「教育のための社会」が実現されている環境でなれけば、真の意味で、「四権分立」と「教育国連」という 2 つの構想は実現し得ないと言ってもよいのではないか。

その理由は、池田先生自身が「社会の制度や仕組みは大切である。しかし、より重要なのは、それらを運用していく人間の心である。いかに制度が整っていても、人間のいかんによって、制度は悪用、形骸化されてしまう危険をはらんでいるからだ」（『新・人間革命』第 26 巻、聖教新聞社、2014 年、212 頁）と述べているように、その制度の成否は、それを使う人間にかかっていると言っても過言ではないからだ。

「教育のための社会」は、社会総がかりの教育による子どもの幸福を目指すものであり、それは、人間の幸福の実現のための社会を築き上げるものであるとも言えるのではないか。その基盤の上に立ってはじめて、「四権分立」

と「教育国連」が、提唱者の意図に添って実現されるのではないか。そして、この「教育のための社会」の実現のためには、少なくとも上記の3章で示した①②を意識できる人間を多く育成しなければならないと考える。

5. おわりに

　本稿では、まず池田先生の「教育のための社会」に関する発言や提言を整理した。その上で池田先生の主張から、教育は社会の手段ではないこと、人間を手段化してはならないことをまとめた。また、「四権分立」と「教育国連」構想の実現のための思考や概念としての土壌が、「教育のための社会」であり、その実現が急務であることを論じた。

　今後の課題としては、上記でも論じた通り、「教育のための社会」の実現に向けて、まずはこの概念の重要性を多くの人々に訴え、行動するべきことであると考える。

　また、創価大学四権分立研究会としても、池田先生の「人類の平和という悲願を皆で分かち合い、『教育のための地球社会』という未来へ、さらに力強く行動していきたいと念願した」（中国で開催された池田思想シンポジウムへのメッセージ、「聖教新聞」2017年5月31日付）という言葉を胸に、池田先生と同じ精神で、力強く行動していきたい。

　最後に、本件執筆に携われたのは、四権分立研究クラブ代表者の大﨑素史先生並びに四権分立研究クラブの皆様、創価大学四権分立研究会名誉顧問の櫻井啓雅先生の深淵なご指導・ご協力があったればこそである。ここに感謝の意を表したい。

アメリカ創価大学（SUA）主催「世界教育者サミット」について

SUA 大学院6期生　淺野 敬大

SUA 卒・ハーバード大学大学院生　新宅 健太郎

1. 開催の経緯

　アメリカ創価大学（SUA）創立者・池田大作先生は、以前より提唱されてきた「四権分立」構想実現のため、1973年10月9日に創価大学で開催されたアメリカ学生部総会の折、「教育権の独立を、全世界的次元で具体化し、いかなる権力にも左右されない、平和教育機関」としての国際的な連合組織・仮称「教育国連」を学生が先駆を切って創設することを要望された。

　また、1996年のコロンビア大学ティーチャーズ・カレッジでの講演において、「人類の将来を展望するうえで、国家の枠を超えた教育者の地球次元での連帯が、何よりも重要となってくる」と前置きし、「教育者のサミット」の開催を提唱された。

　それから20周年となる2016年6月12〜13日、SUAの修士課程プログラム「リーダーシップと社会変革のための教育基礎学」の学生の呼びかけにより、「世界教育者サミット」がSUAで開催された。

2. 第1回世界教育者サミット（World Summit of Educators）

　2016年の世界教育者サミットでは、アンワルル・チョウドリ元国連事務次長が議長を務め、世界32カ国から100人を超える教育者、学識者たちが参加した。コロンビア大学講演で池田先生が世界市民教育の柱として強調された「平和・人権・開発・環境」をテーマに活発な意見交換が行われ、国際平和教育研究所名誉創設者のベティー・リアドン博士、国際大学協会のズルキフリ・アブドゥル・ラザク会長などによる基調講演も行われた。

　なお、四権分立研究会のメンバーである石坂広樹鳴門教育大学准教授（当時）も参加している。

　池田先生は、このサミットに次のようなメッセージを寄せられた。

　　20年前、私はコロンビア大学のティーチャーズ・カレッジで行った講演で、世界教育者サミットを提案いたしました。（中略）

　　なぜ、「世界教育者サミット」の開催を提唱したか──。

　　それは、世界の教育者たちが、国家の枠を超えて、「人間の幸福」「生命の尊厳と平等」のための教育の在り方を、グローバルな視野から、共に探究し、連帯しゆくことが、平和な地球社会の創造にとって、何よりも重要であり、何よりも希望となると考えたからであります。

　さらに、サミットのテーマとして「世界市民のための教育」が掲げられたことについて、「『世界市民の育成』は、創価教育の出発点からの理念であり、根幹の精神」であると述べたうえで、次のように記された。

　　20年前の講演で私は、私たちが目指すべき「世界市民」の要件として、三つの資質を挙げました。

　　すなわち──①生命の相関性を認識する「智慧」②他の民族や文化

との差異を恐れない「勇気」③他の国の人々の痛みにも同苦する「慈悲」、であります。（中略）

　「知識」を「智慧」へと昇華させ、「恐れ」を「勇気」へと変え、「傍観や無関心」を「慈悲」の行動へと転換していく教育の在り方が、現代ほど希求されている時代はないでありましょう。

　サミットが行われた2016年当時は、フランス・パリで同時多発テロ（2015年11月、死傷者約500人）が起こるなど、世界の各地で生命の尊厳を脅かす事件が相次いだ時期だった。池田先生は、暴力と分断の社会を平和と共生に転換しゆく鍵こそ、教育であるとして、歴史的な第1回世界教育者サミットの成功に期待を寄せた。

　　人間生命の変革と、人類意識に目覚めた世界市民の連帯を、さらに堅固に、さらに広範に築き上げながら、「平和の文化」創造への潮流を断固として高めていく――ここに、教育に託された希望の挑戦があると言えないでしょうか。（中略）

　　私は、今回の世界教育者サミットを、大きな希望の一歩として、地球上の全ての青少年の笑顔輝く「教育の世紀」「平和の世紀」の創出のために、共々に力を合わせ進んでいきたいと念願しております。

　2日間のサミットは平和を願う世界市民による有意義な集いとなり、最終日には「世界教育者サミット宣言」が参加者全員の賛同を得てまとめられ、発表された。

　本書では、主催者の了承を得て、この宣言を特別に日本語訳（石坂広樹訳）で掲載する。

■世界教育者サミット宣言

（2016年6月12日・13日）

　私たち、世界教育者サミット参加者は、コロンビア大学ティーチャーズ・カレッジにおいて池田大作博士が「『地球市民』教育への一考察」との題でスピーチされてから20周年を記念して、ここに集い、教育が国際社会において人権として確立・認められたものであることを確認します。教育はすべての個人に開かれたものであるべきであり、人間の幸せ、持続的な平和と環境保全をより高めることを意図しています。

　私たちは、持続的な平和、人権、生命の尊厳、地球の保全の絶対条件に関する共通のビジョンを抱く必要があるということをここに決議します。教育は、偏った政治的影響や潜在的な搾取の他のあらゆる形態から自由であり、いかなる段階においてもこの使命において重要な役割を演じなければなりません。20年前に行われたこの示唆に富むスピーチによって生まれ、私たちの草の根レベルの経験と知識の共有によって活気のあるものとなったこのサミットでの交流は、政治的操作、消費主義、個人の偏狭な自己利益等の制約から自由な教育に私たち自身が従事していくことを大いに促すものとなりました。

　このことを心にとどめ置きつつ、私たちは、1996年6月13日のスピーチで提言された、教育の根幹である地球市民教育の概念は、益々深刻化する私たちの国々が直面する教育システムの課題に鑑みて、今日においてより大きな意義と意味を持っているという共通の確信を再確認しました。

　地球市民性とは、私たち自身を人類の一員とみなし、私たちの行動が他の人々や世界を構成すること・ものに影響を与えることを理解することを意味しています。したがって、アクティブな地球市民性とは、公正で平和で持続可能な世界を創りゆく先駆的な実践に取り組むことを意味し

ます。地球市民教育の真意とは、オープンエンド（柔軟性・拡大性のある）で完全にインクルーシブ（包括的）な対話、信頼、関係づくりを伴うことにあります。

　教育は、私たちの社会を強化し地球市民の概念を平和と進歩という人類の希求を満たす本質的なものとして育むという、最も重要な役割を持っています。そのためには、教育を包含する思想と価値の根本的な転換が必要となっています。

　想像力を伴う共感を通じて発達してきた人間性という概念に基づき、私たちはイデオロギー、宗教、ジェンダー、民族、階級など、生命の尊厳を脅かす分断を長引かせるものによって規定された役割を乗り越えることを選択しました。

　地球市民教育は、積極的・消極的であることを問わず性差の暴力を撲滅し、意思決定のいかなる段階においても性的公正を保証する、意識的かつ毅然とした努力が存在するときに、初めて意味のある、可能性のあるものになります。

●教育カリキュラムと教育学はすべての人々、特に原住民やすべての社会において排斥されている人々の多様な知識と知恵を含有し、代表するものでなければなりません。
●すべての年齢の人々は、教育（学習）の努力の中で個々の個性のある潜在する可能性を十全に発揮する権利をもっています。
●すべてのレベルの教育者は、安心できる学習環境、あらゆる偏見・暴力からの自由を創造し、学習者が大切にされ、尊重され、信頼され、尊敬されるようになるように、勇気・智慧・慈悲の実践を行うことによってこそ受益することができます。
●世界中の積極的で持続的な社会変革というものは、あらゆるレベルの教育機関が平和教育、人権教育、環境教育、開発教育を統合

する地球市民の本質的な要素を包含するときにこそ、実現されます。

　私たちはまた、地球市民教育に携わる多様な人々・組織・機関・政府・経済形態の間での協働的なイニシアチブが、この教育の目的を強化するものと信じています。地球市民教育の目標を達成するために、以下の具体的な実践を行うことをここに誓います。

●自らのコミュニティーにおいて、国連関連団体、教員団体、その他重要な市民社会団体など、コミュニティーの市民団体を支援するための実践を行います。
●私たちの社会を益々脅かす軍事化や軍国主義には反旗を掲げます。
●人間生活と自然環境との間の共生関係を築くリーダーを育成します。
●地球市民の比較国際的な要素をカリキュラムのあらゆる場面において導入する教育システムを推進します。
●経済的・物質的レベルだけでなく精神的価値のレベルにおいても、開発・発展に関するバランスのとれた見方・見解を創造していきます。
●科学技術の生成・使用をより協働的に統御し、智慧・勇気・慈悲という人類の価値を推進します。
●すべての生物の尊厳を蘇生・再生する教育環境を創造します。

　私たちは、教室の内外での教育者としての私たちの役割を誇りに思います。私たちは、教育の要素として家族、コミュニティー、環境の役割を深く尊重します。

　教育が地球市民の育成、平和文化の形成、非暴力を包含しそれを促進するという目標を、2015 年 9 月に世界のリーダーの総意によって採択された 2030 年持続可能な開発のためのアジェンダ（宣言）が採択したことに、私たちは勇気づけられました。

私たちは、教育に係る国連の政策をリードするユネスコに対し、地球市民教育のイニシアチブを採る機会を創るように要請します。

　私たちは、アメリカ創価大学（SUA）に対し、地球市民教育を推進する未来の道筋を創ることを目指し、知見を結集するこのサミットを開催されたことに心からの感謝と祝福の意を表明したい。私たちは、サミットを企画・運営した学生・教員の皆様の精力的な協働に感謝申し上げます。皆様のこの姿は、他の教育機関の模範となるものです。特に大学院の教育リーダー・社会変革プログラムの学生に対して感謝したいと思います。彼らは、20年前に池田博士が提言された世界教育者サミットを実現することを夢見て、実現へと導いてくれました。

　私たちは、これからも協働を継続し、この宣言にある価値を育むために各コミュニティー・職場において働いていくことを決意しました。私たちは、SUAがこの過程（宣言の実現）を推進する役割を担うことを要請します。

2016年6月13日参加者の満場一致により合意

3. 第2回世界教育者サミット（2nd World Summit of Educators）

　SUA主催の第2回世界教育者サミットは、「世界市民教育——公正・平和・持続的な世界の建設を目指して」をテーマに、2021年6月13日（現地時間）にオンラインで開催された。これは、第1回目の開催から5周年、池田先生のコロンビア大学ティーチャーズ・カレッジ講演から25周年にあたる。

　これと並行し、SUAの学生は6月4～6日（現地時間）に「青年サミット」を開催。これは、池田先生が同年1月の「SGIの日」記念提言で呼びかけられた「ビヨンド・コロナに向けた青年サミット」の構想をきっかけに学生が発案したものである。事前の取り組みとして、同年2月からは平和教育・人権教育などをテーマにした月1回の「対話イベント」も開催していた。

第2回世界教育者サミットでは、21 カ国・地域から教育者が参加し、「世界市民教育」「インクルーシブ教育」といったテーマをめぐり、活発なディスカッションと質疑応答が行われた。SUA 卒業生をはじめ、パリ人工知能研究所国際部長のジャスティーン・カッセル博士、「世界科学祭」共同創設者のトレイシー・デイ氏などの発表者が登壇した。サミットの締めくくりに、環境運動家ワンガリ・マータイ氏の息女で、世界資源研究所の副理事長を務めるワンジラ・マタイ氏が、教育による女性や青年のエンパワーメントの重要性について特別講演を行った。

　また、SUA のフィーゼル学長は同サミットで、池田先生が「教育国連」構想等の推進のため 1987 年の「SGI の日」記念提言で呼びかけられた「地球的問題群研究センター」創設を具体化する計画を発表した。同センターは 2022 年5月に SUA に設立された。

（資料・写真提供　石坂広樹）

アメリカ創価大学

創価大学創立50周年記念「教育のための社会」シンポジウムの概要

四権分立研究クラブ事務局

　創価大学創立50周年記念行事の一環として、令和3（2021）年6月5日、創価大学の教職員、学生、卒業生等によるシンポジウムが開催された。

　創価大学創立者池田大作先生の教育思想「教育のための社会」を軸に、創価教育の原点を確認しつつ、創価大学の50年にわたる教育の結実として、学校での「世界市民教育」「SDGs」などの教育実践、研究、行政施策、国際動向等を紹介し、創価大学の過去・現在そして未来について参加者と共に考察した。

　主催は「教育のための社会」シンポジウム実行委員会で、会長は大﨑素史創価大学名誉教授・東日本国際大学経済経営学部教授、委員長は小山内優創価大学副学長・国際部長・国際教養学部教授、ほか関係者で構成された。

　なお、コロナ禍中であったため、創価大学中央教育棟AB102教室をメイン会場としつつも、ウェビナーによるオンライン配信を中心に実施した。参加者は、創価大学の学生、教職員、卒業生等の本学関係者とその友人で、約220名であった。

教育のための地球社会へ 2021―実践と研究のネットワークを作ろう―

●主な内容　　　総合司会　創価大学非常勤講師　岩木勇作

1. 開会あいさつ　　　　　創価大学副学長　　　田中亮平

2. 趣旨説明と基調報告　　創価大学副学長　　　小山内優

3. 卒業生による「教育のための社会」等に関する実践報告

　①一人ひとりの子どもを大切にする教育　小学校教諭　小森光枝

　②SDGs目標4を通して考える小学2年生活科の授業

　　小学校教諭　矢野淳一

　③教育のための社会をつくる社会教育を求めて

　　東京都板橋区立生涯学習センター所長　的野信一

　④一人ひとりが教育のために何ができるかと考える社会をつくる

　　市教育長　古川聖登

4. パネルディスカッション

　（テーマ）実践と研究のネットワークの展開

　コーディネーター：石坂広樹（鳴門教育大学准教授、創大法学部卒業生）

　パネラー：金明姫（留学生・研究者代表、元創価大学助教）、淺野敬大（ア
　　　　　　メリカ創価大学大学院卒業生）、堤陽子（創価大学教職大学
　　　　　　院生）、小森光枝、矢野淳一、的野信一、古川聖登

　パネルディスカッションの概要

　①金：大韓民国の「国家教育委員会」、留学生時代の取り組みなど

　②堤：「第1回日本教育者サミット」の開催、将来展望など

　③淺野：「第2回世界教育者サミット」の開催、将来展望など

　④石坂：「第1回世界教育者サミット」、デポール大学池田教育思想研
　　　　　究会での発表、創価大学講師・島田健太郎氏との共同研究、
　　　　　国際教育協力など

5. 閉会あいさつ　創価大学名誉教授　大﨑素史

第 3 章

資料

池田大作「四権分立」「教育のための社会」
関連書籍・提言一覧（矢野淳一）

西暦	書籍等	キーワード
1966	『家庭革命』（講談社）1966（昭和41）年9月20日発行	家庭教育
1970	『わたくしの随想集』（読売新聞社）1970（昭和45）年9月1日発行	四権分立の提唱 人間教育 全体人間
1970	『私の人生観』（文藝春秋）1970（昭和45）年10月15日発行	政府や産業界からの干渉に対する教育の自主性／教育独自の行政機関設立の提唱
1972	『文明・西と東』池田大作／R・クーデンホーフ＝カレルギー （サンケイ新聞社出版局）1972（昭和47）年5月4日発行	真理と価値 四権分立
1973	第5回NSA（現・アメリカSGI）学生部総会メッセージ「全人類の平和へ共戦の旗を掲げて」（創価大学中央体育館）1973（昭和48）年10月9日 【収録】『池田会長講演集』第6巻 　　　（聖教新聞社）1976（昭和51）年1月2日発行	四権分立 教育国連
1974	創価大学第4回入学式講演「創造的生命の開花を」 （創価大学中央体育館）1974（昭和49）年4月18日 【収録】『池田大作全集』第59巻 　　　（聖教新聞社）1996（平成8）年11月18日発行	教育国連 世界大学総長会議 学生自治会会議
1975	『人間教育の指針』（聖教新聞社）1975（昭和50）年1月7日発行	人間教育 教育と人間革命
1975	『二十一世紀への対話』上巻　池田大作／アーノルド・J・トインビー （文藝春秋）1975（昭和50）年3月20日発行	学問・教育の尊厳性／全体人間／人間教育／教育の資金源
1975	『人生問答』下巻　池田大作／松下幸之助 （潮出版社）1975（昭和50）年10月25日発行	四権分立 教育国連 生命の尊厳 大学自治
1977	『四季の雁書』池田大作／井上靖 （潮出版社）1977（昭和52年）4月28日発行	人間教育 教育権の独立
1978	『生活の花束──創造的人生への提言』 （海竜社）1978（昭和53）年5月20日発行	家庭教育 幼児教育

1984	『二十一世紀への警鐘』池田大作／アウレリオ・ペッチェイ （読売新聞社）1984（昭和59）年10月14日発行	全体的な人間
1984	「教育の目指すべき道──私の所感（全国教育者総会に寄せて）」 1984（昭和59）年8月25日 【収録】『教育の目指すべき道──池田名誉会長の教育への指針』 　　　（聖教新聞社）1985（昭和60）年6月15日発行	世界教育者会議 四権分立 教育国連 21世紀教育宣言
1987	第12回「SGIの日」記念提言「『民衆の世紀』へ平和の光彩」 「聖教新聞」1987（昭和62）年1月26日付掲載	教育国連 世界市民の育成
1987	『「平和」と「人生」と「哲学」を語る』池田大作／ヘンリー・キッシンジャー （潮出版社）1987（昭和62）年9月5日発行	教育国連
1989	『二十一世紀への人間と哲学──新しい人間像を求めて』下巻 池田大作／J・デルボラフ（河出書房新社）1989（平成元）年4月25日発行	四権分立
1995	『教育ルネサンス──池田名誉会長の指針から』 （聖教新聞社）1995（平成7）年1月26日発行	全人性／世界市民 の精神的基盤
1995	『二十一世紀の人権を語る』池田大作／アウストレジェジロ・デ・アタイデ （潮出版社）1995（平成7）年2月11日発行	四権分立 教育国連
1996	コロンビア大学ティーチャーズ・カレッジでの講演 「『地球市民』教育への一考察」1996（平成8）年6月13日 【収録】『池田大作全集』第101巻 　　　（聖教新聞社）2011（平成23）年7月3日発行	教育権の独立 四権分立 世界教育者サミット 世界市民教育
1997	『21世紀の教育と人間を語る』 （第三文明社）1997（平成9）6月20日発行	国際人教育 世界市民教育
2000	『健康と人生──生老病死を語る』池田大作／ルネ・シマー／ギー・ブルジョ （潮出版社）2000（平成12）年4月2日発行	学問の自由 四権分立
2000	教育提言「『教育のための社会』目指して」 「聖教新聞」2000（平成12）年9月29日、30日付掲載 【収録】『池田大作全集』第101巻 　　　（聖教新聞社）2011（平成23）年7月3日発行	全人性／世界市民 の精神的基盤
2001	教育提言「教育力の復権へ　内なる『精神性』の輝きを」 「聖教新聞」2001（平成13）年1月9日付掲載 【収録】『池田大作全集』第101巻 　　　（聖教新聞社）2011（平成23）年7月3日発行	教育の世紀 教育のための社会
2001	『希望の選択』池田大作／デイビッド・クリーガー （河出書房新社）2001（平成13）年8月24日発行	教育権の独立

2002	『新しき人類を　新しき世界を——教育と社会を語る』 池田大作／ヴィクトル・A・サドーヴニチィ （潮出版社）2002（平成14）年5月3日発行	大学の自治 教育のための社会
2004	『学は光——文明と教育の未来を語る』池田大作／ヴィクトル・A・サドーヴニチィ （潮出版社）2004（平成16）年9月8日発行	四権分立 教育のための社会
2005	『人間と文化の虹の架け橋——韓日の万代友好のために』池田大作／趙文富 （徳間書店）2005（平成17）年3月16日発行	世界市民教育 教育のための社会
2005	『見つめあう西と東——人間革命と地球革命』 池田大作／R・D・ホフライトネル （第三文明社）2005（平成17）年11月18日発行	教育のための社会 世界市民教育 人間生命の尊厳
2006	『美しき生命　地球と生きる——哲人ソローとエマソンを語る』 池田大作／ロナルド・ボスコ／ジョエル・マイアソン （毎日新聞社）2006（平成18）年9月8日発行	四権分立 学校自治権の確立
2007	『友情の大草原——モンゴルと日本の語らい』 池田大作／ドジョーギーン・ツェデブ （潮出版社）2007（平成19）年11月18日発行	教育のための社会
2009	『文化と芸術の旅路』池田大作／饒宗頤／孫立川 （潮出版社）2009（平成21）年2月11日発行	教育のための社会 全体人間
2009	『明日をつくる〝教育の聖業〟——デンマークと日本　友情の語らい』 池田大作／ハンス・ヘニングセン （潮出版社）2009（平成21）年12月21日発行	教育センター 教育のための社会 四権分立 世界教育者サミット
2010	『教育と文化の王道』池田大作／張鏡湖 （第三文明社）2010（平成22）年3月1日発行	四権分立 教育国連 大学の自治 学生第一主義
2010	『人間勝利の春秋——歴史と人生と教育を語る』池田大作／章開沅 （第三文明社）2010（平成22）年10月31日発行	教育のための社会
2011	『平和の朝へ　教育の大光——ウクライナと日本の友情』 池田大作／ミハイル・ズグロフスキー （第三文明社）2011（平成23）年5月3日発行	四権分立 世界教育者サミット 教育国連 世界大学総長会議

2012	『平和の架け橋──人間教育を語る』池田大作／顧明遠 （東洋哲学研究所）2012（平成24）年10月15日発行	教育のための社会
2013	『明日の世界　教育の使命──二十一世紀の人間を考察する』 池田大作／ヴィクトル・A・サドーヴニチィ （潮出版社）2013（平成25）年5月3日発行	教育権の独立
2014	『人間教育への新しき潮流──デューイと創価教育』 池田大作／ジム・ガリソン／ラリー・ヒックマン （第三文明社）2014（平成26）年5月3日発行	世界市民教育 人間教育
2014	『地球革命への挑戦──人間と環境を語る』 池田大作／エルンスト・U・フォン・ヴァイツゼッカー （潮出版社）2014（平成26）年10月2日発行	子どもたちの幸福 と、人格の全人的 な開花を目的とす る教育への転換／ 環境教育
2015	『池田名誉会長の指針　わが教育者に贈る』 （聖教新聞社）2015（平成27）年11月18日発行	人間教育 教育のための社会
2016	『新たな地球文明の詩を──タゴールと世界市民を語る』 池田大作／バラティ・ムカジー （第三文明社）2016（平成28）年10月15日発行	世界市民教育 教育の独立 教育のための社会

●資料解説

池田大作著
『人間教育の指針―教育に関する池田会長の指導―』
(第9回教育部総会記念出版) について

創価大学名誉教授、東日本国際大学教授、
東日本国際大学 東洋思想研究所 池田大作思想研究会会長
大﨑素史

　池田大作著『人間教育の指針』は新書判で、昭和50 (1975) 年1月7日・聖教新聞社発行である。「人間教育」に関するそれまでの池田先生の論考・エッセー・提唱を収録したものであるが、現在は入手が困難になっているため、ここで特に掲げたものである。もちろん、国立国会図書館、創価大学中央図書館などで閲覧できるが、収蔵している公共図書館も少ないと思われる。

　池田先生の教育思想・教育論を知る上で大変貴重な文献で、とりわけ、昭和44 (1969) 年の「四権分立」の提唱、その後の教育権独立・教育の尊重についての数々の提言・提唱の根拠がよく理解されると思われる。

　次に、第一章～第五章の章構成を示す。なお、「―(数字表記)―」は、原稿完了・講演等の年月日を示しているものをそのまま引用して示した。(　　　) 部分は、そのまま引用して示した。

■第一章
○子供をどう教育するか ―1971・4― (グラフ社刊『女性抄』から転載)
○人間教育のすすめ ―1969・3・29― (読売新聞社刊『わたくしの随想集』から転載)
○知能教育より心の教育を (講談社刊『ウーマン』1974年5月号から転載)
○人格尊重の家庭教育を ―1966・9― (講談社刊『家庭革命』から転載)
■第二章
○教育における母親の役割 (講談社刊『ウーマン』1974年3月号から転載)
○教育における父親の役割 (講談社刊『ウーマン』1974年4月号から転載)
○幼児と母親学校 ―1971・9― (祥伝社刊『私の人生随想』から転載)

○子供と遊び ―1970・10― （文藝春秋刊『私の人生観』から転載）

○溺愛と躾と社会と ―1974・1― （主婦の友社刊『婦人抄』から転載）

○三人の息子と私 ―1971・9― （祥伝社刊『私の人生随想』から転載）

■第三章

○教育と人間革命 ―1972・2― （第三文明社刊『現代文明と宗教』から転載）

○人間教育と師弟不二 ―1972・2― （　同上　）

○新しい学問創造の指標 ―1972・2― （　同上　）

○人間学と信仰 ―1972・2― （　同上　）

○性教育のあり方 ―1972・2― （　同上　）

○生涯教育 ―1974・11・17― （第 37 回本部総会講演より抜粋）

■第四章

○全人類の平和へ共戦の旗を掲げて ―1973・10・9―
　（第 5 回 NSA〈現・アメリカ SGI〉学生部総会メッセージ）

○〝創造的生命〟の発現に心労の汗流せ ―1974・4・18 ＝創価大学体育館で―
　（創価大学入学式での記念講演）

○無限の可能性に挑戦 ―1973・3・15 ＝創価学園で―
　（創価高校の卒業式での記念講演）

○他人の不幸の上に自己の幸福を築くな ―1973・4・11 ＝創価女子学園で―
　（創価女子中学・高校入学式でのあいさつ）

○ 21 世紀への提言――ヒューマニティーの世紀に ―1974・4・1 ＝ディクソン講堂で―
　（カリフォルニア大（UCLA）での講演）

■第五章

○二十一世紀について ―1969・4・13― （読売新聞社刊『わたくしの随想集』から転載）

○大学革命について（※）―1969・5・13― （　同上　）

○知識と英知 ―1970・5・21― （　同上　）

○事実と真実 ―1971・12・16― （読売新聞社刊『きのうきょう』から転載）

○模倣と独創 ―1971・10・30― （　同上　）

○善い心　悪い心 ―1972・1・17― （　同上　）

※この「大学革命について」において、池田先生は、初めて「四権分立」の提唱をされたのであるが、この読売新聞社刊『わたくしの随想集』（初版：1970・9・1 発行）以前に、月刊雑誌『潮』（潮出版社・7月号：1969・6・5 発行）で公刊されている。―1969・5・13―というのは、「大学革命について」の執筆完了年月日のことである。

池田大作教育思想関連年表 (瀬戸川 浩)

西暦	和暦	池田大作イベント	年齢	教育文化平和思想関係、提言等	創価学会関連イベント
1930	S5		2	※牧口先生は生前、戸田先生に語っていた。「将来、私が研究している創価教育学の学校を必ずつくろう。もし私の代に創立できない時は、戸田君の代でつくるのだ。小学校から大学まで、私の構想する創価教育の学校をつくりたいな」。この先師の悲願を、戸田先生は出獄した後も、片時も忘れることはなかった。(「聖教新聞」2022年11月16日付掲載、「〈創価教育の源流〉不滅の輝き放つ三代の師弟の軌跡」から)	11/18 『創価教育学体系』第1巻発刊 創価教育学会創立 11月 牧口は、教育雑誌『環境』に「創価教育学緒論」と題する原稿を寄せ、「世は政治経済芸術の各分野を通じて、根本的な改革と進展を教育の力にまたんとする。社会的矛盾と葛藤の解決は根本的な人間性の改造の問題であり、人間性改造終局的役割はやがて教育の担うべきものとされているのである」と述べている。(新・人革⑭智勇p89)
1945	S20		17		
1946	S21		18		
1947	S22	8/24 創価学会入信	19		秋の東大卒業式で、南原繁総長が、時代は政治革命、社会革命、特に第2次産業革命の時を迎えているが、この革命は人間のためのものであり、人間に奉仕するものでなければならないと述べ、人間への奉仕のためには「人間そのものの革命『人間革命』を成し遂げねばならぬ」と述べたことを知った戸田城聖は喜びを隠せなかったという。(新・人革⑭智勇p88)

凡例:事項の頭に00/00と日付または00月と表示、新・人間革命の記述に関するものは「新・人革⑭p00（「　」）」と表示した。

日本の教育界イベント	世界の動き（日本含む）	人間革命執筆	人間革命各章の年代
10/22　GHQ「日本教育制度ニ対スル 　　　管理政策」指令 12/1　全日本教員組合結成			人間革命第1巻 「黎明」「再建」 「終戦前後」「占領」 「一人立つ」 「千里の道」
3/5　米国教育使節団来日 　　　（3/31報告書提出） 8/10　教育刷新委員会設置 11/3　日本国憲法公布			人間革命第1巻 「胎動」「歯車」 人間革命第2巻 「幾山河」「序曲」 「光と影」
3/31　教育基本法公布・施行。同日、学 　　　校教育法公布（4/1施行） 6/8　日本教職員組合（日教組）結成 12/26　教育刷新委員会が文部省廃止 　　　など教育行政民主化決議 ※このころ、埼玉県で川口プランが発表 されるなど、以後数年間、社会科を中心 に地域教育計画立案さかん			人間革命第2巻 「前哨戦」「地涌」 「車軸」

西暦	和暦	池田大作イベント	年齢	教育文化平和思想関係、提言等	創価学会関連イベント	
1948	S23		20			
1949	S24		21			
1950	S25	11/16　戸田先生から創価大学の構想を聞く	22	※11月16日、戸田先生は、会社近くの大学の学生食堂で、牧口先生から託された創価大学の構想を、池田先生に語った。「人類の未来のために、必ず、創価大学をつくらねばならない。しかし、私の健在なうちにできればいいが、だめかもしれない。大作、その時は頼むよ。世界第一の大学にしようじゃないか!」この日、池田先生は日記に記した。「昼、戸田先生と、日大の食堂にゆく。民族論、学会の将来、経済界の動向、大学設立のこと等の、指導を戴く。思い出の、一頁となる」(「聖教新聞」2022年11月16日付掲載、「〈創価教育の源流〉不滅の輝き放つ三代の師弟の軌跡」から)		

	日本の教育界イベント	世界の動き（日本含む）	人間革命執筆	人間革命各章の年代
	6/22　国立大学設置の原則発表 7/10　教科書の発行に関する臨時 　　　措置法公布（49年度から検定 　　　教科書使用開始） 7/15　教育委員会法公布	12/10　第3回国連総会で 　　　「世界人権宣言」採 　　　択		人間革命第3巻 「新生」「渦中」「漣」 「結実」「宣告」
	1/12　教育公務員特例法公布 5/31　文部省設置法、国立学校設置法 　　　（新制国立大学69校）・教育職 　　　員免許法公布 6/10　社会教育法公布 12/15　私立学校法公布			人間革命第3巻 「道程」 人間革命第4巻 「生命の庭」「時流」 「波紋」
				人間革命第4巻 「疾風」「怒濤」「秋霜」

西暦	和暦	池田大作イベント	年齢	教育文化平和思想関係、提言等	創価学会関連イベント	
1951	S26		23			
1952	S27		24			
1953	S28		25			
1954	S29		26			
1955	S30		27			
1956	S31		28			
1957	S32		29		9/8　原水爆禁止宣言（戸田城聖）	

日本の教育界イベント	世界の動き（日本含む）	人間革命執筆	人間革命各章の年代
			人間革命第5巻 「烈日」「随喜」 「戦争と講和」 「前三後一」
6/6　中央教育審議会設置			人間革命第5巻 「驀進」「布石」 人間革命第6巻 「七百年祭」「推移」
			人間革命第7巻 「飛翔」「原点」 「翼の下」「水滸の誓」 「匆匆の間」
1/18　中教審「教育の政治的中立性維持に関する答申」。教育公務員特例法の改正とともに、「教育二法」といわれ、教育の政治的中立が問題となる	6月の中印首脳会談（中国・周恩来首相とインド・ネルー首相）において「平和五原則」が発表される		人間革命第8巻 「真実」「推進」「学徒」 「多事」
	4/18　アジア・アフリカ会議開催「平和十原則」		人間革命第9巻 「発端」「小樽問答」 「展開」「実証」
6/30　地方教育行政の組織および運営に関する法律（地教行法）公布 ※旧教育委員会法が保障していた教育委員の公選制を廃止、任命制教育委員による学校管理・人事管理体制の強化が図られる 10/22　大学設置基準が制定される	2月のソ連共産党第20回大会でフルシチョフ第一書記が平和共存（資本主義との平和的共存）の姿勢を示す（以後、中ソ間の対立に発展する） 10/19　「日本国とソヴィエト社会主義共和国連邦との共同宣言」（日ソ共同宣言）日ソ国交正常化		人間革命第10巻 「一念」「脈動」「跳躍」 「険路」「展望」 人間革命第11巻 「転機」「波瀾」「夕張」 「裁判」
県教組の勤評闘争さかんになる 教育管理にかかわる教育行政の加速度的強化期に入る（兼子仁「教育権の理論」） 理工系学生8000人増募計画(S32~35年まで)			人間革命第11巻 「波瀾」「夕張」「大阪」 「裁判」 人間革命第12巻 「涼風」「宣言」「憂愁」

西暦	和暦	池田大作イベント	年齢	教育文化平和思想関係、提言等	創価学会関連イベント	
1958	S33		30		4/2　戸田城聖逝去	
1959	S34		31			
1960	S35	5/3　創価学会第3代会 　　　長就任 10/2　初の海外指導	32			
1961	S36		33			
1962	S37		34	1/27　東洋学術研究所設立(の 　　　ちに東洋哲学研究所に改 　　　称)		
1963	S38		35		10/18　民主音楽協会設立	

日本の教育界イベント	世界の動き（日本含む）	人間革命執筆	人間革命各章の年代
			人間革命第12巻 「後継」「寂光」 「新・黎明」
	1/1　キューバ革命		
日米新安保条約・安保闘争 経済審議会、関西経済連合会、日経連などから教育に関する要望書、提言が出される 理工系学生2万人の増募計画が出る	12/27　「国民所得倍増計画」閣議決定（池田勇人内閣）		新・人間革命第1巻 「旭日」「新世界」「錦秋」「慈光」「開拓者」 新・人間革命第2巻 「先駆」「錬磨」「勇舞」「民衆の旗」
高校全入運動・全国一斉学力テスト （反対運動さかん）	11/27　公明政治連盟結成		新・人間革命第3巻 「仏法西還」「月氏」「仏陀」「平和の光」 新・人間革命第4巻 「春嵐」「凱旋」「青葉」「立正安国」「大光」 新・人間革命第5巻 「開道」「歓喜」「勝利」
4/1　高等専門学校設置（学校教育の複線化） 10/15　中央教育審議会「大学の管理運営について」答申（63年1/25閣議にて「大学運営法案」国会提出取りやめ決定）	10月　中印国境紛争（11月停戦） 11月　LT協定「日中長期総合貿易に関する覚書」		新・人間革命第5巻 「獅子」 新・人間革命第6巻 「宝土」「遠路」「加速」「波浪」「若鷲」 新・人間革命第7巻 「文化の華」
12/21　教科書無償措置法公布 国立大学の整備・大学志願者急増計画が進む			新・人間革命第7巻 「萌芽」「早春」「操舵」 新・人間革命第8巻 「布陣」「宝剣」「清流」「激流」

西暦	和暦	池田大作イベント	年齢	教育文化平和思想関係、提言等	創価学会関連イベント	
1964	S39	12/2　人間革命執筆開始	36		6/30　第7回学生部総会で創価大学設立構想発表	
1965	S40		37	11月　創価大学設立審議会発足		
1966	S41		38	5月　有吉佐和子氏から池田会長の訪中を希望する周総理の伝言が届く		
1967	S42		39	11月　創価学園創立		
1968	S43		40	3/16　創価学園中学校・高等学校開校式 （4/8　入学式） 4/4　創価学園の開校にあたって「未来社会の奔流に」を発表 9/8　日中国交正常化への提言（第11回学生部総会）	5/3　第31回本部総会で創価大学開学の早期化を発表、当時の深刻な大学事情について言及	

	日本の教育界イベント	世界の動き（日本含む）	人間革命執筆	人間革命各章の年代
	4/3 国立学校特別会計法制定 6/19 学校教育法改正で短期大学制度の恒久化が図られる 9/3 文部省：大学生急増対策9学部35学科新設決定（労働省は理工系重視を要望）	4/28 日本OECD加盟 10/10 東京オリンピック 10/15 ソ連フルシチョフ第一書記兼首相が解任 11/17 公明党結党	4/1 人間革命執筆を公にする 12/2 人間革命執筆開始	新・人間革命第9巻「新時代」「鳳雛」「光彩」「衆望」
	高校進学率70％超え、大学生数100万人突破、就学援助必要者数160万人	2/7 米軍ベトナム北爆開始	10/12 人間革命第1巻発行	新・人間革命第10巻「言論城」「幸風」「新航路」「桂冠」
	前年より、私立大学で学費値上げ反対スト多発 ※大学生の精神疾患患者などの増加に対し、文科省は国立大学に保健管理センター設置計画発表。このころ大学生の留年増加が問題となる 中央教育審議会「後期中等教育の充実整備について」答申（高校多様化強調、「期待される人間像」は別記）	中国文化大革命（～1976年）	4/15 人間革命第2巻発行	新・人間革命第11巻「暁光」「開墾」「常勝」
			3/16 人間革命第3巻発行	新・人間革命第11巻「躍進」 新・人間革命第12巻「新緑」「愛郷」「天舞」
	1/29 東大医学部無期限スト突入（東大紛争の発端） 5/27 日大経理不正を追及する全学共闘会議結成 6/15 東大医学部学生らが安田講堂占拠（6/17 機動隊1200人導入、紛争が全学に拡大） ※この年115大学で紛争があった	1月 チェコスロバキアでプラハの春（～8/21） 3月以降フランス、パリ大学で学生紛争、大学占拠、閉鎖など多発。アメリカでもベトナム戦争反対によるスチューデントパワーが高まる	7/17 人間革命第4巻発行	新・人間革命第12巻「栄光」 新・人間革命第13巻「金の橋」「北斗」「光城」

西暦	和暦	池田大作イベント	年齢	教育文化平和思想関係、提言等	創価学会関連イベント	
1969	S44		41	婦人雑誌『主婦の友』2月号に「学生問題に私はこう思う」（前年12/25脱稿）を寄稿 『現代政治』6月号に「新時代開く大学の未来像―創価大学の3つの基本理念を提唱―」掲載 『潮』7月号の連載「文明随想」に「大学革命について」（5/13脱稿）を寄稿。四権分立を提唱する	5/3　第32回本部総会で創価大学の在り方と学生運動について言及。学生運動の第三の道を提案（学生運動の本質は教授の精神の老い、権威主義などによる教授と学生の隔絶感、対立にあるととらえられていた。新・人間革命⑭智勇）	
1970	S45	5/3　創価学会第3代会長就任10周年	42		会員世帯数750万を超える	
1971	S46		43	創価大学開学（4/2開学式、4/10第1回入学式）		
1972	S47	5/5　トインビー博士と対談①	44			

日本の教育界イベント	世界の動き（日本含む）	人間革命執筆	人間革命各章の年代
1/19　東大安田講堂攻防戦・封鎖解除（1/18　約8500人体制警察機動隊導入、600人以上が逮捕される） 4/30　中央教育審議会「当面する大学教育の課題に対応するための方策」答申 8/7　大学の運営に関する臨時措置法公布（期限5年以内） 12/17　文部省大学紛争白書（紛争大学：国立62、公立15、私立47、措置法後の機動隊導入41） ※大学紛争記録多数・大学改革構想多数発表	3/2　中ソ連国境紛争（珍宝島軍事衝突） 7/20　アポロ11号月面着陸	10/12　人間革命第5巻発行	新・人間革命第13巻「楽土」 新・人間革命第14巻「智勇」「使命」「烈風」
1/11　OECD教育調査団来日（ライシャワー、フォール、ドーア） 7/17　家永教科書裁判：東京地裁、第2次教科書訴訟で検定は教育内容への不当な国の介入として不合格取消の判決（杉本判決）			新・人間革命第14巻「大河」 新・人間革命第15巻「蘇生」
4/30　社会教育審議会「急激な社会構造の変化に対処する社会教育のあり方」答申（生涯学習の提唱） 6/2　全国教育研究所連盟：教員の半数が「授業内容を理解する子供は半数」という調査報告（落ちこぼれ問題化） 6/11　中央教育審議会「今後における学校教育の総合的な拡充整備のための基本施策」答申（第3の教育改革）	10/25　国連総会で中華人民共和国が承認される	2/11　人間革命第6巻発行	新・人間革命第15巻「創価大学」「開花」 新・人間革命第16巻「入魂」
1/9　自治省：公立高校授業料1.5～2倍値上げの方針決定、文部省：国立大学授業料3倍の3万6千円の大蔵原案了承する 3/15　日本経済調査協議会特別委員会（新しい産業社会における人間形成、学歴偏重の反省、生涯学習の強調など）答申	2月　ニクソン訪中・米中共同声明 5月　沖縄返還 9/29　日中共同声明調印・国交正常化 石油ショック ベトナム和平協定	2/16　人間革命第7巻発行	新・人間革命第16巻「対話」「羽ばたき」

西暦	和暦	池田大作イベント	年齢	教育文化平和思想関係、提言等	創価学会関連イベント	
1973	S48	4/9　創価大学第3回入学式で講演 5/15　トインビー博士と対談② 7/13　創価大学第2回滝山祭で講演	45	4/2　創価女子中学校・高等学校開校(4/11入学式。のち関西創価中学校・高等学校に名称変更) 4/9　創価大学第3回入学式で「創造的人間たれ」講演 「二十一世紀の潮流──創価大学に関する池田先生の指導」(昭和48年度入学式実行委員会刊) 6/13　創価大学でヨーロッパ帰朝報告 7/13　創価大学第2回滝山祭で「スコラ哲学と現代文明」講演 10/9　第5回NSA(現・アメリカSGI)学生部総会メッセージで「教育国連」の創設を提唱(第四権としての教育権の独立を再度確認) 12/7　創価大学を訪問したソ連科学アカデミー会員らに、①「日ソ学生文化交流協会」の設置、②「教育国連本部」をモスクワに、等を提案(新・人革⑳「懸け橋」)		
1974	S49	4/1　UCLAで講演「21世紀への提言」 4/18　創価大学第4回入学式で講演 5/29　中国初訪問・北~6/16　京大学訪問 9/8~18　ソビエト初訪問、ショーロホフ、コスイギン首相と会見 12/2~6　第2次訪中、北京大学訪問、周総理との会見	46	4/18　創価大学第4回入学式で「創造的生命の開花を」講演 4月　モスクワ大学から招聘状 9/20　創価大学でソ連帰朝報告 11月　北京大学から招待電報 11/5　ソ連モスクワ大学ホフロフ総長を創価大学にて歓迎 12/8　創価大学で中国帰朝報告		

日本の教育界イベント	世界の動き（日本含む）	人間革命執筆	人間革命各章の年代
	石油ショック	8/1　人間革命第8巻 　　　発行	新・人間革命第17巻 「本陣」「希望」 「民衆城」「緑野」 新・人間革命第18巻 「師子吼」「師恩」 「前進」
2/25　「学校教育の水準の維持向上の 　　　ための義務教育諸学校の教育職 　　　員の人材確保に関する特別措置 　　　法」（学校教育人材確保法）公布 　　　施行 高校進学率90%超える	5/18　インド核実験 8/9　ウォーターゲート事件でニ 　　　クソン米大統領が辞任 12/9　田中角栄内閣退陣		新・人間革命第18巻 「飛躍」 新・人間革命第19巻 「虹の舞」「凱歌」 「陽光」「宝塔」 新・人間革命第20巻 「友誼の道」「懸け橋」 「信義の絆」

西暦	和暦	池田大作イベント	年齢	教育文化平和思想関係、提言等	創価学会関連イベント	
1975	S50	1/26　SGI会長就任 5/22〜　第2次ソビエト 　　　　訪問 5/27　モスクワ大学から 　　　　第1号となる名誉 　　　　博士号を受ける。 　　　　記念講演「東西 　　　　文化交流の新し 　　　　い道」	47	1/7　池田大作著『人間教育の指 　　　針―教育に関する池田会 　　　長の指導―』(第9回教育 　　　部総会記念出版)刊行	1/26　創価学会インタナショナル 　　　　発足	
1976	S51		48	4/1　札幌創価幼稚園開園 4/1　創価大学通信教育部開設 　　　(5/16開学式)		
1977	S52		49			
1978	S53		50	4/1　東京創価小学校開校(4/9 　　　入学式)		
1979	S54	4/24　名誉会長就任	51			

日本の教育界イベント	世界の動き（日本含む）	人間革命執筆	人間革命各章の年代
大学・短大学生200万人を超す（女子学生32.3%）	国際婦人年世界会議（メキシコ）		新・人間革命第21巻「SGI」「人間外交」「共鳴音」「宝冠」 新・人間革命第22巻「新世紀」「潮流」「波濤」「命宝」
6/15 OECD科学技術政策調査団（日本の科学施策において社会科学の立遅れ是正を日本政府に勧告） 12/18 文部省教育課程審議会（小・中・高等学校の教育課程の基準改善について答申、授業時間10%削減、教科内容精選など）	1/8 周恩来死去 9/9 毛沢東死去 第31回国連総会で国際児童年に関する決議	10/12 人間革命第9巻発行	新・人間革命第23巻「未来」「学光」「勇気」「敢闘」 新・人間革命第24巻「母の詩」「厳護」
7/23 小・中学校学習指導要領改訂（教科内容・時間数削減、ゆとり志向、小学校算数で〈集合〉削除、〈君が代〉を国歌と規定）		9/3 人間革命「一念」の章が聖教新聞で連載開始	新・人間革命第24巻「人間教育」「灯台」 新・人間革命第25巻「福光」「共戦」「薫風」「人材城」 新・人間革命第26巻「厚田」
12/15 東京都中野区で全国初の教育委員準公選条例可決（12/12 文部省、中野区の教育委員会準公選制につき、地方教育行政法違反の見解発表）	5/23 第1回国連軍縮特別総会開幕 8/12 日中平和友好条約締結	8/3 人間革命「展望」の章の聖教新聞連載が終了 11/18 人間革命第10巻発行	新・人間革命第26巻「法旗」「勇将」「奮迅」 新・人間革命第27巻「若芽」「正義」「激闘」「求道」 新・人間革命第28巻「広宣譜」「大道」「革心」「勝利島」 新・人間革命第29巻「常楽」「力走」
1/13 第1回国公立共通1次試験 2/20 総理府青少年自殺問題懇話会設置 2/26 山梨県教委が新一年生から40人学級決定			新・人間革命第29巻「清新」「源流」

西暦	和暦	池田大作イベント	年齢	教育文化平和思想関係、提言等	創価学会関連イベント
1980	S55		52		
1981	S56	7/1　世界芸術文化アカデミーから「桂冠詩人」称号を受ける	53	4/2　創立者自らの手による推敲・校閲を経て、創価大学創立10周年版『創立者の語らい』発刊される	12/20　創価学会が国連広報局NGOとして登録
1982	S57		54	4/1　関西創価小学校開校	6/3　国連本部で「核兵器──現代世界の脅威」展、海外巡回スタート
1983	S58	1/25　初の「SGIの日」記念提言 8/8　国連平和賞受賞	55	1/25　初の「SGIの日」記念提言	5/12　SGIが国連経済社会理事会NGOに登録
1984	S59		56	8/25　「教育の目指すべき道──私の所感」が聖教新聞に掲載される	
1985	S60		57	4/2　創価女子短期大学開学	
1986	S61		58		10/21　北京で「核の脅威展」
1987	S62		59		5/25　モスクワで「核の脅威展」
1988	S63		60		

日本の教育界イベント	世界の動き（日本含む）	人間革命執筆	人間革命各章の年代
6/9　初の軍縮教育世界会議で「広島・長崎の被ばくを世界の教科書に」の日本提案が採択される ※校内暴力・家庭内暴力が問題化		8/10　人間革命第11巻、聖教新聞で連載開始	新・人間革命第30巻（上）「大山」「雌伏」「雄飛」「暁鐘」(前半)
			新・人間革命第30巻（上）「暁鐘」(前半) 新・人間革命第30巻（下）「暁鐘」(後半)「勝ち鬨」
教科書検定国際問題化(歴史教科書問題)			新・人間革命第30巻（下）「誓願」
82年度高校中退者10万6千人(高校生の2.3%)高校進学率94%	自民党大敗		
7/20　経済同友会教育問題委員会から教育改革意見書(6-6制、9月新学年制など) 8/8　臨時教育審議会(臨教審)設置法公布			
教師の体罰問題化、各地で体罰根絶の取り組み始まる 6/26　臨教審第1次答申(個性重視の原則など) 10/23　文部省(児童生徒の問題行動実態調査)いじめ・登校拒否激増など報告			
4/23　臨教審第2次答申（生涯学習体系、初任者研修制度など) 10/20　教育課程審議会（中間まとめ)で生活科の設置発表	チェルノブイリ原発事故		
大学審議会の設置			

西暦	和暦	池田大作イベント	年齢	教育文化平和思想関係、提言等	創価学会関連イベント	
1989	H1	6/14 フランス学士院で講演「東西における芸術と精神性」	61		10/23 国連本部で「戦争と平和展」	
1990	H2	5/28 北京大学で講演「教育の道 文化の橋——私の一考察」	62			
1991	H3	9/26 ハーバード大学で講演「ソフト・パワーの時代と哲学」	63			
1992	H4		64			
1993	H5	1/29 クレアモント・マッケナ大学で講演「新しき統合原理を求めて」 9/24 ハーバード大学で2度目の講演「21世紀文明と大乗仏教」	65	9/24 ボストン21世紀センター（のちの「池田国際対話センター」）設立		
1994	H6		66			
1995	H7		67			
1996	H8	6/4 サイモン・ヴィーゼンタール・センター（アメリカ）で講演「牧口常三郎——人道と正義の生涯」 6/13 アメリカ・コロンビア大学で講演「『地球市民』教育への一考察」	68	2/11 戸田記念国際平和研究所設立 2/15 創価大学に創価教育資料室・資料収集委員会発足（のちに創価教育資料収集委員会に名称変更）		
1997	H9		69		9/14 原水爆禁止宣言40周年記念世界青年平和音楽祭	

	日本の教育界イベント	世界の動き（日本含む）	人間革命執筆	人間革命各章の年代
				新・人間革命第30巻 （下）「誓願」
	大学設置基準等の大綱化			
			1/26　人間革命第11 　　　巻発行 11/24　人間革命全12 　　　巻脱稿	
			4/2　人間革命第12巻 　　　発行 8/6　新・人間革命執筆 　　　開始	
		1/17　阪神・淡路大震災		

西暦	和暦	池田大作イベント	年齢	教育文化平和思想関係、提言等	創価学会関連イベント	
1998	H10		70			
1999	H11		71			
2000	H12		72	9/29 創価学会創立70周年記念教育提言「『教育のための社会』目指して 21世紀と教育―― 私の所感」(「聖教新聞」掲載)において、独立機関として政治的な影響を受けない制度的保障を講ずるべきであるとの考えから「教育センター」の創設を提唱 11/16 創価大学創立30周年を記念して創価教育研究センター開設		
2001	H13		73	1/9 教育提言「教育力の復権へ 内なる『精神性』の輝きを」において、いじめや暴力の問題を取り上げ、学校と社会の教育力を回復するための方途について提言 5/3 アメリカ創価大学開学式		
2002	H14		74			
2003	H15	3/10 創価大学第1回特別文化講座で「人間ゲーテを語る」を講義	75	9月 台湾・中国文化大学が「池田大作研究センター」設立		

	日本の教育界イベント	世界の動き（日本含む）	人間革命執筆	人間革命各章の年代
			1/2　新・人間革命第1巻発行 8/24　新・人間革命第2巻発行 11/18　新・人間革命第3巻発行	新・人間革命第30巻（下）「誓願」
			2/11　新・人間革命第4巻発行 6/6　新・人間革命第5巻発行 10/12　新・人間革命第6巻発行	
			2/11　新・人間革命第7巻発行 10/12　新・人間革命第8巻発行	
	1/6　中央省庁再編　文部科学省設置	9/11　アメリカ同時多発テロ	2/11　新・人間革命第9巻発行 10/12　新・人間革命第10巻発行	
			10/12　新・人間革命第11巻発行	

西暦	和暦	池田大作イベント	年齢	教育文化平和思想関係、提言等	創価学会関連イベント	
2004	H16		76			
2005	H17		77			
2006	H18		78	4/2　創価大学に創価教育研究所が開設され、研究所内に池田大作研究センターが設置される 8/30　国連提言「世界が期待する国連たれ──地球平和の基軸・国連の大使命に活力を」		
2007	H19		79	4/2　創価大学教育研究所にジョン・デューイ研究センター設置 台湾・中国文化大学「池田大作研究センター」主催「池田大作平和思想研究国際フォーラム」第1回開催（2023年までに14回開催）		
2008	H20		80	3月　韓国幸福幼稚園開園		
2009	H21		81			
2010	H22		82			
2011	H23		83			
2012	H24		84	6/5　牧口初代会長生誕141周年記念提言「持続可能な地球社会への大道」		

	日本の教育界イベント	世界の動き（日本含む）	人間革命執筆	人間革命各章の年代
	4/1　国公立大学の法人化		4/2　新・人間革命第 　　　12巻発行 10/12　新・人間革命 　　　第13巻発行	
	1/28　中教審答申「我が国の高等教育 　　　の将来像」		10/12　新・人間革命 　　　第14巻発行	
	12/22　教育基本法が全面改正		2/11　新・人間革命第 　　　15巻発行 10/12　新・人間革命 　　　第16巻発行	
	6/27　教育職員免許法改正　教員免 　　　許更新制（10年間の有効期間）、 　　　免許状更新講習制度を2009年 　　　度から導入決定（のちに2022 　　　年5月18日同法改正により同 　　　年7月1日から廃止となった）		11/18　新・人間革命 　　　第17巻発行	
			5/3　新・人間革命第 　　　18巻発行 11/18　新・人間革命 　　　第19巻発行	
			10/12　新・人間革命 　　　第20巻発行	
			3/16　新・人間革命 　　　第21巻発行 11/18　新・人間革命 　　　第22巻発行	
		3/11　東日本大震災	11/18　新・人間革命 　　　第23巻発行	
	6/5　文部科学省が「大学改革実行 　　　プラン」を公表		11/18　新・人間革命 　　　第24巻発行	

西暦	和暦	池田大作イベント	年齢	教育文化平和思想関係、提言等	創価学会関連イベント	
2013	H25		85			
2014	H26		86	4/25　アメリカ・デポール大学が「池田大作教育研究所」を設置		
2015	H27		87		SGI国連事務所開設 イタリア創価仏教協会がインテーサ調印	
2016	H28		88	6/12・13　第1回世界教育者サミット開催（アメリカ創価大学）。世界30か国以上から100人を超える教育者・学識者が参加。池田先生はメッセージを寄せた。アンワルル・チョウドリ（元国連事務次長）議長の下、「世界教育者サミット宣言」がまとめられた		
2017	H29		89	1月　ブラジル創価高校開校（一貫校完成）		
2018	H30	9/8　新・人間革命全30巻完結	90	6/5　アルゼンチンの人権運動家アドルフォ・ペレス＝エスキベル博士と共同声明「世界の青年へ　レジリエンス（困難を乗り越える力）と希望の存在たれ！」		

日本の教育界イベント	世界の動き（日本含む）	人間革命執筆	人間革命各章の年代
1/15　教育再生実行会議設置の閣議 　　　決定 （2021年12/3廃止までに12回の提言 を行っている） 2/26　第1次提言「いじめの問題等へ 　　　の対応について」 4/15　第2次提言「教育委員会制度等 　　　の在り方について」 5/28　第3次提言「これからの大学 　　　教育等の在り方について」 6/14　「教育振興基本計画」を閣議決定 11月　文部科学省「国立大学改革プラ 　　　ン」公表		11/18　新・人間革命 　　　第25巻発行	
6/27　学校教育法、国立大学法人法 　　　改正（ガバナンス改革）		11/18　新・人間革命 　　　第26巻発行	
6/24　学校教育法改正（義務教育学校） 6月　文部科学省が「地方創生のための 　　　大都市圏への学生集中是正方策 　　　について」を公表		11/18　新・人間革命 　　　第27巻発行	
3/31　学校教育法施行規則改正で大 　　　学への3ポリシーの策定、公表を 　　　義務化（2017.4/1施行）		11/18　新・人間革命 　　　第28巻発行	
		11/18　新・人間革命 　　　第29巻発行	
		7/3　新・人間革命第 　　　30巻(上)発行 8/6　新・人間革命全 　　　30巻脱稿 11/18　新・人間革命第 　　　30巻(下)発行	

西暦	和暦	池田大作イベント	年齢	教育文化平和思想関係、提言等	創価学会関連イベント	
2019	H31		91			
2020	R2		92	4/1　創価大学に池田大作記念 　　　創価教育研究所が発足		
2021	R3		93	6/13　第2回世界教育者サミット 　　　開催（アメリカ創価大学）。 　　　テーマは「世界市民教育 　　　——公正・平和・持続的な 　　　世界の建設を目指して」。 　　　これに先立ち、6/4〜6、ア 　　　メリカ創価大学学生による 　　　「青年サミット」が開催		
2022	R4		94	1/26　「SGIの日」記念提言「人 　　　類史の転換へ　平和と尊 　　　厳の大光」 4/19　カナダ・ラバル大学に「世 　　　界市民・対話・平和のため 　　　の池田教育研究所」開設 5月　アメリカ創価大学に「地球的 　　　問題群研究センター」設立 ※アメリカ・デポール大学で「世界 市民育成の価値創造教育」オンラ インコース（博士課程）開設される		

※参考とした資料等
●池田大作『人間革命』全12巻、聖教新聞社　●池田大作『新・人間革命』全30巻、聖教新聞社　●国大協資料：「国立大学法人職員必携」（令和3年版）　●創価大学通信教育部学会編『創立者池田大作先生の思想と哲学(第3巻)』第三文明社　●創価学会公式サイト
●聖教新聞社公式サイト　●創価学園公式サイト　●創価大学池田大作記念創価教育研究所（創価大学公式サイト）

●山住正己『日本教育小史―近・現代―』岩波新書363、巻末年表
（山住正己『日本教育小史』「おわりに」から抜粋）七〇年代から八〇年代にかけては、学力の低下と同時に自殺の低年齢化、非行の増加、校内暴力の高校から中学校への移行だけでなく、その急増、高校における退学者の増加等々、中等教育を中心に問題が山積し、学校のあり方を変える必要が誰の眼にも明らかとなり、これに応えるべく、ゆとりある教育課程をうたった七七年版学習指導要領が、八〇年度から実施に移された。しかし、授業時間数の削減に比し、教科内容の精選は不十分であり、そのため無理な授業展開が多くなり、授業についていけない子どもを、さらに増加させる。一方、教師の方はゆとりの時間の準備に追われるなど、緊張と多忙を強いられることになった。
　政治の動向が教育を左右することはその後もつづき、なかでも八〇年の衆参両院同時選挙における自民党の圧勝は、教育にも影響をあたえる。……(略)教育全体のあり方については、政府は八四年に内閣直属の臨時教育審議会によって改革を進めようとした。臨時行政調査会による諸改革の方式を引きつぐ、いわば「教育臨調」である。これは文部省や国会の頭越しに行なわれる改革であり、ましてや多数の教師や

	日本の教育界イベント	世界の動き（日本含む）	人間革命執筆	人間革命各章の年代
	4/1　デジタル教科書導入が制度化 ※文部科学省によるGIGAスクール構想実現への施策が本格的にスタートする	※世界で新型コロナウイルス感染症が流行、パンデミックとなる		
	4/1　小学校教育課程に「外国語」 4/1　大学に授業料等減免制度の創設、給付型奨学金の支給（高等教育無償化へ） 新型コロナウイルス感染症（COVID19）の流行により教育機関の閉鎖多数。日本でも、ほぼ1年間オンラインによる授業が実施されるなどの状況が続く	世界中の教育機関が機能不全状態となる。完全オンラインでの授業など、学びを止めないための新たな試みが世界中で進む		
	12/3　教育未来創造会議創設	7/23～　東京オリンピックが1年遅れで開催される 10/4　第1次岸田文雄内閣		
		2/4～　北京で冬のオリンピック開催 2/24　ロシアのウクライナ侵攻始まる		

父母の要望に応えようとの姿勢には欠けている。……（略）
　　政府主導の改革に対し、教育と教育行政への住民参加を重視する考えもひろがり、東京の中野区では八一年から教育委員準公選が実施されている。重要なのは、学校をはじめ教育関係諸施設の運営に地域住民の要望・意見が反映できるような体制の確立である。……一見きわめてわずらわしい手続と思われるが、教育の確実な進歩にとって不可欠である。（同書の249ページから251ページの抜粋）

●伊藤貴雄「池田平和思想の研究I―大熊信行との対話に注目しつつ（第1回）：大学紛争論―」『創価教育』第1号（2008年3月）、15～44頁
●劉徳有「講演『池田提言の歴史的意義と今後の日中関係』―日中国交回復三十周年記念―」『創価教育研究』第2号（2003年3月）、209～220頁
●松島淑「講演『グレート・ダイアローグの源流　池田・トインビー対談』」『創価教育研究』第2号（2003年3月）、157～172頁
●水元昇「第4回入学式創立者講演『創造的生命の開花を』を読む」『創価教育研究』第3号（2004年3月）、75～88頁
●兼子仁「教育権の理論」（昭和51年5月25日発行）第一編第一章「国民の教育権」運動の論理（2頁-）、第四編第一章日本「教育法学」の形成（274～285頁）
●「〈創価教育の源流〉不滅の輝き放つ三代の師弟の軌跡」「聖教新聞」2022年11月16日付
●THE DAIGAKU SHINPO（昭和48(1973)年10月16日火曜日版）

創価大学「天使と印刷工」の像より

あとがき

　今回の出版においては、池田先生の教育思想に絞った形になった。第1章、第2章の内容を見てお分かりのように、それぞれの分野における専門的研究の成果が立派に反映されていると自信を持って記したい。

　とりわけ、第2章・研究活動報告における基礎的情報の数々は、わが国をはじめ国際社会において、今後の池田大作思想研究に非常に役立つ、端的で適正な情報だと確信する。執筆者の皆様、とりわけ「創価大学四権分立研究会」の皆様には甚深の感謝を申し上げるものである。

　今後は、池田先生の教育思想研究のためには、牧口常三郎先生（創価学会初代会長）の創価教育理論・思想、戸田城聖先生（創価学会第2代会長）の思想との関係性についての研究・論考をも対象に含めるとともに、膨大な池田先生の著作物、講演・挨拶・スピーチなどについての研究・論考が一層広く、深く進展されることが望まれる。

　さらに、国際社会に向けての啓発と貢献のために、どのような研究開発があるのか、検討していきたい。因みに、その一つに、外国語への翻訳のあり方が大きな課題になると思われる。

　わが四権分立研究クラブの英知を結集して達成していきたいと念じている。創価大学四権分立研究会とも連携を取りつつ進めていきたい。

　今回の出版において、特に喜ばしかったことは、若き青年（＝創価大学学生）が喜んで、積極的に出版企画に参画し、執筆されたことである。

　これもひとえに、創価大学四権分立研究会の結成のために、種々の啓発・助言等を学生たちに与えるなど尽力されてきた同会名誉顧問の元創価大学教員・櫻井啓雅さんのおかげである。心から尊敬と感謝の念を表したい。

編者　大﨑素史（四権分立研究クラブ代表）

執筆者一覧

●編著者

大﨑素史（おおさき・もとし）
創価大学名誉教授、東日本国際大学教授、同大学東洋思想
研究所池田大作思想研究会会長、『四権分立の研究—教育
権の独立—』編著者、四権分立研究クラブ代表

●第1章　論文

小山内 優（おさない・まさる）　創価大学副学長、同大学国際部長、同大学国
際教養学部教授、四権分立研究クラブ副代表

島田健太郎（しまだ・けんたろう）　創価大学講師、東洋哲学研究所委嘱研究員(創
価大学OB)

的野信一（まとの・しんいち）　創価大学非常勤講師、東京都板橋区立生涯学習
センター所長・社会教育主事（創価大学OB)

井上善文（いのうえ・よしふみ）　関西創価中学校教諭（創価大学OB)

金明姫（キム・ミョンヒ）　創価大学通信教育部非常勤講師（創価大学OB)

矢野淳一（やの・じゅんいち）　公立小学校教諭（創価大学OB)

●第2章　研究活動報告

監修：櫻井啓雅（さくらい・ひろまさ）　元創価大学通信教育部講師、創価大学
四権分立研究会名誉顧問

① 「四権分立」の概要
林 香苗（はやし・かなえ）　創価大学理工学部4年、創価大学四権分立研究
会第2代部長

長利美留（おさり・みる）　創価大学文学部3年、創価大学四権分立研究会

② 「教育国連」の概要
御法川 海（みのりかわ・かい）　創価大学法学部3年、創価大学四権分立
研究会第3代部長